横山カズ KAZ YOKOYAMA

英会話

COMPLETE TRAINING SET

パワー音読トレーニング

JN052054

Gakken

はじめに

　本書は私個人の英語独学の経験のみならず、楽天などの英語公用語化を推進する企業をはじめとする多数の企業、日経ビジネススクール、全国の大学、高校、中学校などでの講演や授業で得られた何万という学習者のデータを参照しつつ集めた、無意識によく使っているのに英語にできない言い回し、日常の何気ない会話に潜む難訳表現を厳選し、集大成したものをナチュラルな例文とともに習得できるように設計してあります。

努力や能力の不足では断じてない

　「資格試験のスコアは上がったのに話す力がなかなか伸びない」
　「毎日こんなに勉強しているのに英文が瞬時に思いつかない」
　このような悩みを私が主宰しているオンラインサロン、授業、そして講演で毎日のようにいただきますが、それらは学んでいる人たちの努力が足りないのでもなければ、能力が足りないわけでも決してありません。
　英語を瞬時に思いつき、口に出せる能力を高めるという目的に特化したトレーニング法や練習体系がなかっただけのことなのです。
　私は20代半ばから日本国内で英語を独学し、同時通訳を生業にするまでの過程において、この能力を高めることに徹底的にこだわってきました。

　さらに英語スピーキングにおいては、「語彙力が足りない」と嘆く人はたくさんおられますが、本当にそうでしょうか？　すでにかなりの知識があるけれど持てる力を使えていないだけという可能性が極めて高い

と私は考えています。

　ジムでの筋トレで筋肉量だけをいくら増やしても、運動神経や自在に身体を動かす"センス"が全く身につかないことと同じなのです。

　これまでの努力を存分に使い切り、自由に英語を話すスキルを本書では獲得していきます。

「これを英語でなんて言う？」はごくあたりまえの感情

　「英語を使うときは英語で考えろ！」

　「英語を話すときに日本語を介在させるなんて邪道だ！」

　こんな言説を聞くたびに、私は違和感を覚えます。というのも、私が外国人向けのナイトクラブでバウンサー（用心棒）をしていたとき、そして同時通訳の仕事などで出会ってきた日本語を流暢に話す外国人たちは、例外なく「これを日本語で何と言うか？」という視座から、あくまで自分の母語を軸にして流暢な日本語を習得していました。

　彼らの結論はいつも同じで、自分自身の思考や会話のスタイルを中心にすれば、外国語は格段に話しやすくなるということでした。これは私の独学経験とも一致します。

「興味と印象」の威力

　本書の各ユニットにある例文は「共感できる内容」「強く印象に残るもの」「実用的なもの」「応用がきくこと」を念頭に作成しています。例文や表現は印象（見たときのインパクト）が強ければ強いほど、反復練習をせずとも暗記でき、必要なとき口から出てくるものです。そうした英文を英語を話す現場で使いまわすことができれば、発話力は必ず向上します。

　学習するなかで、

「意味は同じなのにこんな主語の取り方をするのか！」

「なんか不思議な感覚だなぁ！」

「これなら単語や表現を"ど忘れ"しても、英語が口から出てきてくれそうだ！」

と少しでも感じられたら、直訳の呪縛から解放され、言葉の向こう側にある話し手の「思い」や現実に起こる「行動」「現象」そのものを瞬時に英語化できるシステムが構築され始めています。

まずは目次（6〜7ページ）にある日本語表現にサッと目を通してみてください。そこに一つでも「これは英語でなんて言うんだ？」と思える表現があれば、英語の発話の瞬発力、発想力、そして流暢性はもう高まり始めているのです。

中身がいくらあっても話せなければ意味はない。

発想を超えた武器を。

Unspoken words can never move people's spirits.

Hone unexpected skills.

横山カズ

本書は（株）ディーエイチシーより刊行された名著『英会話パワー音読トレーニング』の一部を最新情報に編集しなおし、音声を再収録してリニューアルしたものです。

Contents

音声のご利用方法

方法 1 音声再生アプリで再生する

右の QR コードをスマホなどで読み取るか、下の URL にアクセスしてアプリをダウンロードしてください。ダウンロード後、アプリを起動して『英会話パワー音読トレーニング』を選択すると、端末に音声がダウンロードできます。

https://gakken-ep.jp/extra/myotomo/

方法 2 MP3 形式の音声で再生する

上記の方法 1 の URL、もしくは QR コードでページにアクセスし、ページ下方の【語学・検定】から『英会話パワー音読トレーニング』を選択すると、音声ファイルがダウンロードされます。

ご利用上の注意

お客様のネット環境およびスマホやタブレット端末の環境により、音声の再生やアプリの利用ができない場合、当社は責任を負いかねます。また、スマホやタブレット端末へのアプリのインストール方法など、技術的なお問い合わせにはご対応できません。ご理解いただきますようお願いいたします。

Chapter 1

「瞬発力」を
一気に高める！

英語習得の「才能」「センス」、そして英語スピーキングの「瞬
発力」を、パワー音読で手に入れましょう！
この章では、英語運用能力を高めるパワー音読（POD）の
理論および実践法について紹介します。

英語スピーキングを制する
パワー音読の効果

本書の目的

 カズ先生はどうして英語がペラペラなんですか？

 今でも英語を訓練しているんですよ。

 えっ？ そんなに英語ができても勉強するの…

 勉強じゃなく、訓練です。歌を歌うのと同じように。

 英語は勉強じゃない？

 はい。僕は留学したこともなければ英語を専攻してもいなかったから。

 ますます謎…それで流ちょうに英語が話せるんだから。

 まだ駆け出しの通訳者だったとき、私は挫折しましてね…

速い…一瞬でも訳を考えていたら置いていかれる

苦労したんだね。

とにかく食らいつくしかなかっただけです。そしてやっと気づきました。英語に必要なのはスポーツと同じ「反射神経」だってことに。

①目や耳、皮膚などから情報が入る

②その情報が感覚神経を通じて脳に伝わる

③脳がその情報を処理し、指令を出す

④脳からの指令が運動神経を通じて身体に伝わる

⑤身体が指令通りに動作する

①～④は神経伝達。この速度は意識的に鍛えることができません。

⑤は身体運動。スポーツや格闘技の反復練習と同じ…動作を繰り返すことで鍛えることができます。

「パワー音読」の練習のおかげで、それまでより早く英語が口からでてくるようになった

へえー。ぼくにもその方法おしえてくれる?

はい。パワー音読の方法は次のページからやっていきましょう。

70〜80%の英会話が「忘れたくても忘れられない」中学英単語で成り立っている

中学生でもできるかな？

はい。こんなデータがあります。

この統計は英語の書き言葉についてで、スピーキングの実際においては、その割合は70%、場合によっては80%を超える →

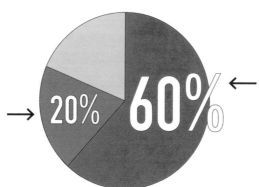

← 英語の実際の運用において、中学1年生のときに学んだ「忘れたくても忘れられない」単語が、実に約60%を占めている

英会話の80%が中学で習った英単語

参考：『英語通訳の勘どころ』(小林薫著/丸善ライブラリー)のThe Thousand Commonest Words Arranged in the Descending Order of Their Frequencyより

うわー！これならぼくの知ってる単語だけでも大丈夫そうだ。

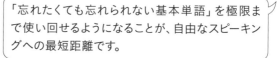

「忘れたくても忘れられない基本単語」を極限まで使い回せるようになることが、自由なスピーキングへの最短距離です。

それでパワー音読ってどうやるの？

簡単ですよ。この本には基本単語を使った、ネイティブスピーカーが頻繁に使うのに日本人がなかなか言えない英文を用意しています。

Step1　チャンク音読 | 意味のかたまり をとらえる
《目安：30秒間》

《方法》

　改行されている英文を、一行ごとの英文がまるで一語であるかのように 意味のかたまり としてとらえ、一息で速く読み上げる。

《効果》

　英文を頭から理解する力が強化される。

　英語の基本構造であるA is B、A does B のパターンを無意識にとらえる素地を作る。

Step2　ノーマル音読 (標準オーバーラッピング) | 英語の音声感覚 をとらえる
《目安：3分間》

《方法》

　行で区切らず、右ページのカラーの文字の音 (口の形は作るが実際には発音されないことが多い) に注意しながら、ネイティブスピーカーの声を聞き、普通のスピードでオーバーラッピングする。

　モデル音声と最初から最後までタイミングが完全に一致するまで練習を行う。

※オーバーラッピングとは、ネイティブスピーカーの音声の上から自分も声に出して言うこと

《効果》

　英語の音の強弱、リズム、音声を体に刷り込む。

　話し、聞き取るための英語全体の素地を養成する。

Step3　ささやき音読 | 子音の発音 を改善する
《目安：3分間》

《方法》

　3分間を目安に、声を出さずに内緒話のように息の力だけで音読する。

《効果》

　子音の発音を改善し、リスニングの強化を図る。

Step4　和訳音読　英文の意味を 母語 で深くとらえる

《方法》

　日本語訳を3回、情景を意識し、自分の感情体験と照らし合せ、感情を込めて音読する。

《効果》

　英文の意味をより深くとらえられるようになる。

　この和訳音読で英文と感情をつなぐ下準備を行う。

Step5　感情音読（高速オーバーラッピング）　英文と自分の 感情 を直結させる
《目安：3分間》

《方法》

　感情のこもったスピーディーなモデル音声と、最初から最後までタイミングが完全に一致するところまで練習を行う。

　3分間を目安に、回数は任意だが、納得するまで行うこと。

《効果》

　英文と感情が結びつき、その感情を覚えた瞬間に英文が出るようになる。

　会話で相手の気持ちを察しやすくなる。

　速く話された英語も聞き取れるようになる。

＋プラス（余力のある方は）

Step6　タイムアタック音読　英文を 脳 に叩き込む
《目安：3分間》

《方法》

　Step5の感情音読をさらに3分間音読する。

《効果》

　自然な文法・語法感覚が身につき、英文を自分で生み出す素地ができる。

音読の方法って6つあるの…

6つの方法を全部やることを私はトータル・ワークアウトと呼んでいますが、必ずしも全部やる必要はありません。

ホッとしました。

見開きページ右上に音読回数のチェック欄があります。時間よりも回数を記録するほうがやりやすい方は、たとえば最初の10回はノーマル音読、次の10回はささやき音読…というふうに自由に使ってください。

英文のなかに色がついたり、色が薄かったりするものがあるよ。

Why do you keep going doing stuff like this?

薄いカラーの文字は弱く発音されます。弱く発音する分、全体の英文を速く言えるのです。

なるほど！

本書の使い方

ステップ①　リード

左ページ上部の英文をまずは読んで、どんな状況かイメージしてみてください。

ステップ②　サイト・トランスレーション

〈意味のかたまり〉ごとに改行していますので、一行ずつ訳と照らし合わせて英文の意味を理解していってください。一つのブロック（意味のかたまり）を一語のように認識できるようになりましょう。

ステップ③　リード＆ルックアップ

意味が理解できたら、音読を開始してください。最初は英文を見て音読しても構いません。だんだん慣れてきたら、頭を上げ（英文から目を離して）、耳から聞こえてくる音声だけを頼りに音読していきましょう。英語の流暢さを手に入れるには、ここでは音にも注意しましょう。カラー文字はリダクション（消音）しやすい音です。ネイティブスピーカーの音声もしっかり聞き、自分でも同じように言ってみましょう。

音読回数

最低10回は音読しましょう。英文を全文覚え込む必要はありません。〈意味のかたまり〉だけ覚えれば、別の似たようなシチュエーションに遭遇したとき、主語や目的語、場所や時間等に変化をつけて言えるようになります。40回音読すれば、ほぼ体得できます。

Check!

英文に出てくる使える重要表現です。

ステップ①　　　　　音読回数

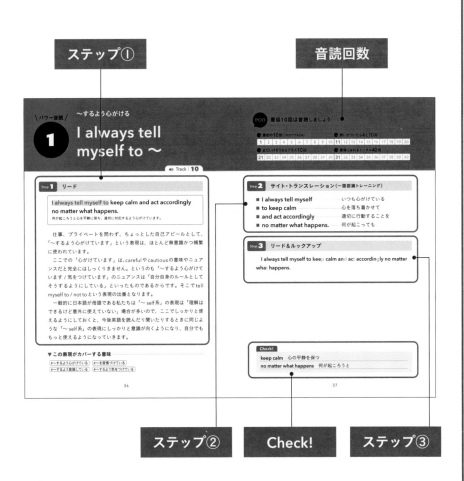

17

ステップ②　　　Check!　　　ステップ③

▌楽に、滑らかに、明瞭に伝わる練習法

　音読はスピーキング力向上に非常に有効ですが、日本人の英語学習者が無意識にやってしまうくせの一つに、「単語ごとに区切って」読んでしまう、というものがあります。これは「単語で区切っては余計な息継ぎをする」という現象を生み、「いくら発音を練習してもぎこちなく聞こえる」という悲しい結果につながります。

　そのため、次のことを意識して音読をしましょう。

①音読するときは**できるだけ長く息継ぎをしない**
　（少なくともコンマやピリオドまでは息継ぎをしない）
　息継ぎなしでたくさん読むには必然的に英語の音の連結（リエゾン）や脱落（リダクション）が必要となり、それらの音の変化をマスターする必要性を感じ、結果として上達を求めるようになります。

②口の動きを最小限にしつつ、きちんと音を出す
　（小さく**怒った犬のうなり声**が常に出ている状態で読む）
　これで「少ない息でもよく通る声」が出せるようになります。喉への負担も減り、長丁場での同時通訳でもこのスキルは役立っています。

　では、以下の3点を意識しながら、さっそく練習してみましょう！

・少なくとも「ここまで」と書かれたところまでは息継ぎをしない！
・カッコ内の子音は**口の形だけで発音しない**ように
・**少ない息で喉をゆるめて響かせる**（先述の「怒った犬のうなり声」を意識！）

There are many historic lighthouses around the United States
（ここまで）. Lighthouses typically include a tower with a bright
light at the top that serves as an important location beacon for
passing ships（ここまで）. The very first lighthouse in recorded
history was the famous Pharos of Alexandria（ここまで）, Egypt
that was built about 280 B.C.（ここまで）It was 450 feet tall,
similar to a 45-story building（ここまで）.

（引用）国際英語発音協会（EPT）HP

　反復するたびに、楽に、滑らかに、明瞭に伝わる話し方になっていきます。

\ **Chapter** /

2

ウォームアップ

本格的な音読練習に入る前に、ネイティブスピーカーの英語
感覚を養うコツを紹介します。

1 自在に話すために最優先すべき「It主語」

英語で話すときに、よく使う主語は何でしょうか?
おそらくですが、"I think 〜"のように"I"で始まることが多いのではないでしょうか?
ここで発想を変えましょう。
"It"を主語にすれば英語にしにくい日本語が口に出しやすくなります。
すでに知っている"It"という強力な武器を徹底的に使いましょう!

It主語に慣れると、中学校で習う基本的な動詞を使うことが増え、難しい単語を忘れても瞬時に言いかえることができます。

🔊 Track | **01**

It 主語感覚のインストール!

"いい気分"だな。

It feels good.

"違和感"がある (いかがなものか)

It doesn't feel right.

雨男／雨女なんです。

It never fails to rain.

"ふびん"だなぁ。

It breaks my heart.

効果的だよ。

It makes a difference.

焼け石に水だね。

It doesn't make a difference.

"想定の範囲内"だよ。

It's going as expected.

簡単にはいかないな。

It never goes as planned.

世の中そんなに甘くないよね。

It's not that easy.

（人生やビジネスなど）
このままではいけないよね。

It can't go on like this forever.

（いろいろと）
"こじらせて"るね。

It's going wrong.

ものの見方ひとつだね。

It depends on how you look at it.

時間がかかったけど上手くいってるよ。

It took a while, but it's working now.

2 Itは「目的語」としても威力を発揮！

Itは「主語」として活用するだけでも瞬発力の向上に絶大な威力がありますが、実は「目的語」として使用する場合もその応用はほぼ無限大です。日常生活で意識せずに話している日本語こそItを活用し、その発想の違いを音読で感覚として落とし込んでおきましょう。

🔊 Track | **02**

目的語の it をインストール！

もう最悪！	**I hate it.**
めっちゃいいね！	**I love it.**
いいねぇ！	**I like it.**
いい場所ですね。	**I like it here.**
現実を見てね。	**Face it.**
結果を出してよ。	**Prove it.**
気にしないで。	**Forget it.**
リスクを取りなさい。	**Risk it.**
適当にやるよ。	**I'll wing it.**

何とかしてよ。	Manage it.
死ぬ気でいけ。	Take it.
恩にきるよ。	I appreciate it.
わかるでしょ？	You know it.
リラックスして。	Don't fight it.
やりがいがある。	It's worth it.
責任とってね。	Pay for it.
まさにこれ！	This is it.
自業自得だね。	You asked for it.
（話を）ぶっちゃけてよ。	Tell it (to me straight).
思い通りの人生を生きてる。	He has it all.
世の中そんなに甘くない。	You can't have it all.
両方なんて虫が良すぎるよ。	You can't have it both ways.
それは言い過ぎ（前言撤回しろ）。	Take it back.
（わかってはいるけど）ついやってしまう！	I just can't hold it.

3 英語にしづらい「主語のない 日本語」もItですべて解決！

私たちが日常で普通に使う「主語のない日本語」をすべて英語で言えるようにするととたんに英語を話しやすくなります。

Itを使いまわして英語と日本語の間にある「発想」のギャップを超えると、直訳では不可能な自然な話し方ができるようになります。

また、Itの次に来る動詞は基本的なものが多く、すでに知っている英語をフルに活用して話すことができます。しかもこれらの表現はネイティブスピーカーがカジュアルな会話で多用しているものです。

🔊 Track | **03**

主語がないときの英文はどう作る？

納得したよ。

It makes sense to me.

スッとした。

It was satisfying.

それができりゃ苦労はしない。

It's not that easy.

そりゃおかしいでしょ。

It doesn't make any sense.

かわいそうに。

It breaks my heart.

モヤモヤする。

It got me thinking.

そんなんじゃないよ。

It's not like that.

ないことはない。

It's possible.

元気が出たよ。

It lifted me up.

割に合わない。

It doesn't pay.

グッとくる。

It speaks to my soul.

たいしたことない。

It doesn't make a difference.

そんなもんだよ。

It is what it is.

4 Thingsで世間話をマスターする！

It主語と同じように、Things（世の中、物事、いろいろ）が使えると、カジュアルな「世間話」を含め、会話が非常にやりやすくなります。
話す内容がうまく思いつかなくても「とりあえずThingsから話そう」と思うことができ、意外に難しいとされる日常の「気楽な世間話」にも自信がつきます。

Things 感覚のインストール！

1. 基本的な使い方をマスター！　🔊 Track | 04

そちらは"いろいろ"どう？

How are things over there for you?

あのころは"いろいろ"大変だったよ。

Things were tough back then.

"世の中"そんなに甘くはないよ。

Things aren't as easy as you think.

今は"時代"が違うからねぇ。

Things are different now.

あいつは"物事 (世の中)"がわかってないなぁ。

He just doesn't know things.

"状況"が好転してきたかもしれない。

Things are looking better.

2. 時事問題だって話せるように！

なんか、"いろいろ"キナ臭くなってきたね。

Things are not looking good.

ウクライナ"情勢"は大変なことになっている。

Things in Ukraine are looking really bad.

ウクライナの"諸問題"をなんとかするには何が有効だと思う？

What do you think will fix things in Ukraine?

つらい立場なんだろうな。

（直訳：物事は彼らにとって簡単ではない）

Things aren't easy for them.

彼らには不利な状況だね。

Things aren't in their favor.

5 Thingsで"出だし"も"まとめ"も自由自在！

The thing、たったこれだけで「無理なく一番言いたいこと（結論）」を伝え、話しにくい事柄でさえも会話中に切り出すことができ、しかも「話を上手にまとめる」ことだってできてしまいます。

「英語は結論から話せ」という教え方をよく目にしますが、日本人の一般的なメンタリティではそれがなかなか難しいかもしれません。でもこのThe thingを使いまわせばそのハードルを一気に下げられるのです。

以下の日本語訳を見るだけで、この表現のポテンシャルを感じ取れるのではないでしょうか。

まぁ聞いてくれ

話の出だし

🔊 Track | **06**

Here's the thing.

（**イメージ**："これから大事なことを話すよ"）

まぁ聞いてくれ、ぶっちゃけ、言いたくないけど、言いにくいんだけど、要は、結局は、変な話だけど、実のところは、問題は、実は、知りたいことは、聞いてほしいんだけど、つまりは、言いたいことは、何があったかってね...etc.

Here's the thing.
It can happen to anybody.
Look at me.

まぁ聞いてよ。
こういうことって誰にでも起こりうるんだ。
私を見ればわかるでしょ。

Here's the thing.
I had no idea if it would turn out this way.

正直な話、こんなことになるなんて思ってなかったんだよ。

Here's the thing.
Everybody knows it's wrong, but they look the other way because they don't want to get fired.

ぶっちゃけた話、こんなこと間違ってるのみんなわかってるけど、みんなクビになりたくないから見て見ぬふりしてる。

要は〜ということなんだ

(**出だし**) 結論から切り出す
(**まとめ**) 話を最後にまとめる

🔊 Track | **07**

1. The thing is (that 〜.)

(**イメージ**：“結局大事なのは〜だよね”)

29

要は〜ということなんだ。
問題は〜ということなんだ。
実は〜ということなんだ。
知りたいのは〜ということなんだ。
聞いてほしいのは〜ということなんだ。
つまりは〜ということなんだ。
言いたいのは〜ということなんだ。
何があったかと言うと〜ということなんだ...etc.

The thing is the joke wasn't even funny and offended everybody there.

問題はそのジョークは面白くもないし皆を怒らせてしまったってことなんだよ。

The thing is you always do something wrong for someone when you do something right for someone else.

言いたくないんだけど、君がやることはいつも的外れ（大きなお世話）なんだよね。
（親切の対象が間違っている）

The thing is people will act like it's nothing until it just has to come out.

結局のところ、人って本当に問題が表面化するまでは何も気にしていないってことなんだよね。

2. The thing ＋ about

The thing about my job is that I genuinely learn something new every day.

私の仕事の魅力はなんと言っても毎日本当の学びがあるってことなんだよね。

The thing about my partner is every time I talk to her, I fall in love all over again, and I think that's nice.

相方の何がいいかって毎回話す度にまた惚_ほれなおしちゃうし、そういうのがいいなって。

The thing about the school holidays is parents let their children stay up late.

夏休みや冬休みの困ったところは親が子どもに夜更_{よ ふ}かしさせちゃうんだよね。

6 知らない言葉はすべて The thingでOK！

「具体的な単語（名詞）」が思いつかないとき、どんどん遠慮せずにThe thingで代用していけばいいのです！
また、万が一、話し相手に「The thingって何のこと?」と問い返されても、そこから会話が成立するので落ち着いて説明すれば大丈夫。

🔊 Track | **09**

The thing トレーニング

まずは以下のように、名詞が思いつかなければ瞬時にThe thingで代用してみましょう！

The thing＝テレビのリモコン、車のカギ、本…

例のやつ、どこだっけ？

→Where's the thing?

The thing＝問題、懸案、困ったこと…

（まさに問題は／言いたいことは）それなんだよね。

→That's the thing.

The thing＝テレビ番組、見逃した風景、失われた機会…

見逃しちゃった！
→I missed the thing.

The thing＝病気、病名、ライバル、課題、問題…

なんとか治さないとね。
→You've got to fight the thing.

The thing＝プロジェクト、宿題、課題、練習、トレーニング…

その件、頑張ってるんだよ。
→I'm working on the thing.

▌通訳スキルと発話力を上げる「快楽」の追求

　私はフリーの時間は、日本語と変わらず英語の記事やSNSに目を通し、動画を観るので**英語は生活の一部**です。しかし、私の同時通訳を支えているのは何といっても、一日24時間「これを英語で何と言うか？」と問う習慣です。良い訳を思いつき、いい表現に出会うとその場で保存します。そのリストを眺めると、いつどんな状況でメモしたかさえ鮮明に思い出せます。

　試してください。普段の英語学習に加え、**自分の日本語を、常に頭の中で英語にする**くせをつけると爆発的にスピーキングが向上します。「英語で言いたい表現」を欲して英語を読み、聴くようになり、**インプットは即アウトプット**となります。私は**これを「努力」としてやっているわけではありません**。「これを英語で言いたかった！」という感動を知ると、快楽でしかないのです。興味、印象、感動とともに出会った表現は訓練しなくてもすぐに口に出せるのです。

　と、こんな風に今まさに原稿を書きながらもその内容をその瞬間に訳したりしています。
　ちょっとタイプしてみましょう。

「生活の一部です」
It's just a fact of my life.

「自分の日本語を、常に頭の中で英語にする」
I switch back and forth between the two languages all day long in my head.

「インプットは即アウトプットとなります」
So, you basically get out what you put in.

「これを"努力"としてやっているわけではありません」
It's not like I'm forcing myself to do it.

　こんな感じです。

　私は20代の頃、英語の資格試験には目もくれず「英語を自在に話すこと」にしか興味がありませんでした。半ば本能的に、それが通訳者への近道だと感じたのです。そしてそれは正解だったと実感しています。

Chapter 3

パワー音読
トレーニング

それではいよいよパワー音読の練習を行いましょう。本書で
は「意味のかたまり」を意識して、フレーズをまるで一語の
ように認識して言うことをぜひ心がけてください。見開きの
右上には音読をした回数をチェックするボックスがあります。
それを活用しながら、自分が納得できるまで繰り返し音読を
してください。

1

~するよう心がける

I always tell myself to ~

Step 1 リード

> **I always tell myself to** keep calm and act accordingly no matter what happens.
>
> 何が起ころうと心を平静に保ち、適切に対応するよう心がけています。

　仕事、プライベートを問わず、ちょっとした自己アピールとして、「~するよう心がけています」という表現は、ほとんど無意識かつ頻繁に使われています。

　ここでの「心がけています」は、careful や cautious の意味やニュアンスだと完全にはしっくりきません。というのも「~するよう心がけています / 気をつけています」のニュアンスは「自分自身のルールとしてそうするようにしている」といったものであるからです。そこで tell myself to / not to という表現の出番となります。

　一般的に日本語が母語である私たちは「~ self 系」の表現は「理解はできるけど意外に使えていない」場合が多いので、ここでしっかりと使えるようにしておくと、今後英語を読んだり聞いたりするときに同じような「~ self 系」の表現にしっかりと意識が向くようになり、自分でももっと使えるようになっていきます。

▼ この表現がカバーする意味

#~するよう心がけている　#~を習慣づけている
#~するよう意識している　#~するよう気をつけている

POD 最低10回は音読しましょう

● 最初の10回(これだけでもOK)　　　　● 勢いがついたらあと10回

| 1 | 2 | 3 | 4 | 5 | 6 | 7 | 8 | 9 | 10 | 11 | 12 | 13 | 14 | 15 | 16 | 17 | 18 | 19 | 20 |

● まだいけそうならプラス10回　　　　● 最強になれるトータル40回

| 21 | 22 | 23 | 24 | 25 | 26 | 27 | 28 | 29 | 30 | 31 | 32 | 33 | 34 | 35 | 36 | 37 | 38 | 39 | 40 |

Step 2　サイト・トランスレーション(一語認識トレーニング)

- I always tell myself ——————— いつも心がけている
- to keep calm ——————— 心を落ち着かせて
- and act accordingly ——————— 適切に行動することを
- no matter what happens. ——— 何が起こっても

Step 3　リード&ルックアップ

I always tell myself to keep calm and act accordingly no matter what happens.

Check!

keep calm　心の平静を保つ

no matter what happens　何が起ころうと

2

見なかったことにする

look the other way

🔊 Track | **11**

Step 1 リード

> **It looks pretty complicated, and I should look the other way.**
> めんどくさそうな状況だから、知らんぷりしておこう。

　生きているとキレイゴトだけで物事は進まないことも多くあります。ときには目の前で起こっていることを「なかったこと」として扱う必要だって出てきます。このような表現が使われるシーンは容易にイメージできますが、いざ英語にしようとすると意外に言えないものです。こんなときに非常に便利なのが、look the other wayという表現です。直訳すると「他の方向（明後日の方向）を見る」となり、目の前の問題からあえて視線を逸らす、というイメージが湧くはずです。

▼ この表現がカバーする意味

#見なかったことにする　#聞かなかったことにする　#なかったことにする
#見て見ぬふりをする　#目こぼしする　#知らんぷりする

POD 最低10回は音読しましょう

● 最初の**10**回 (これだけでもOK)　　　　● 勢いがついたらあと**10**回

1	2	3	4	5	6	7	8	9	10	11	12	13	14	15	16	17	18	19	20

● まだいけそうならプラス**10**回　　　　● 最強になれるトータル**40**回

21	22	23	24	25	26	27	28	29	30	31	32	33	34	35	36	37	38	39	40

Step 2　サイト・トランスレーション (一語認識トレーニング)

- **It looks pretty complicated,** ——— かなり面倒な状況に見える
- **and I should** ——— だから〜しよう
- **look the other way.** ——— 知らんぷりする

Step 3　リード＆ルックアップ

It looks pretty complicated, and I should look the other way.

Check!

complicated　複雑な、面倒な

39

それとこれとは別の話

3 It's another story

Step **1** リード

> It's another story if you make a mistake where
> everyone can see what you're doing.
> 他のメンバーたちが見ているところでやらかしたなら話は別だ。

「それとこれとは別の話だよ」──プライベート、ビジネスの両方で非常によく使われるこの日本語を英語にしない手はありません。It's another story というごくシンプルな表現で、これと全く同じニュアンスを伝えることが可能です。例文のようにifやwhenをつけることによって、さまざまな状況に応じて使うことができます。

　この表現だけで、「よく使うけれど意外に英語にしにくい表現」に瞬時に対応することも可能になります。

▼ この表現がカバーする意味

#それはそれ　#これはこれ　#それとこれとは別　#それは関係ないじゃん
#ドサクサまぎれはダメだよ　#あれは別物　#モノが違う！　#けじめはつけないとね
#いくらなんでもそこまでは無理

Step 2 サイト・トランスレーション (一語認識トレーニング)

- It's another story ——————————— それと (これとは) 別の話だ
- if you make a mistake —————————— もし君がミスをしたなら
- where everyone can see ————— みんなが見られるところで
- what you're doing. ——————————— 君がやっていることを

Step 3 リード&ルックアップ

It's another story if you make a mistake where everyone can see
what you're doing.

Check!

| where everyone can see 〜 | みんなが〜を見られるところで |
| what you're doing | あなたがやっていること |

間をつなぐ／持たせる／会話を続ける

find something to say

🔊 Track | **13**

Step 1 リード

> **What's amazing about him is** he always finds something to say**!**
> 彼の素晴らしいところは、いつも間を持たせることだね！

　仕事だけでなくプライベートでも、英語で話すときになんとか避けたいのが「気まずい沈黙（uncomfortable silence）」です。会話中の沈黙は、こちらにそのつもりがなくても否定的なメッセージとして解釈されがちで、プレッシャーに感じることもあるかもしれません。

　ノンネイティブである私たちが「沈黙のプレッシャー」「間を持たせる会話力がほしい！」という生の感情を上手に利用して、英語で語れるようになりましょう！

▼ **この表現がカバーする意味** ·······································

#間をつなぐ　#間を持たせる　#会話を続ける

Step 2 サイト・トランスレーション(一語認識トレーニング)

- What's amazing about him ——— 彼の素晴らしい点は
- is ——— 〜だ
- he always ——— いつも
- finds something to say! ——— 間を持たせる

Step 3 リード&ルックアップ

What's amazing about him is he always finds something to say!

Check!

what's amazing about 〜　〜について感心するのは

43

〜したらいかがでしょうか？

5 Allow me to suggest that 〜

◀》 Track | 14

Step 1 リード

Allow me to suggest that you take a rest.

休養を取られてはいかがでしょうか？

「〜してはどうですか？」「お言葉ですが…」と目上の人などに新たな提案や違う意見を言うときには、こちらが偉そうに聞こえないように神経を使うものです。そんなときに便利なのが Allow me to suggest（that 〜）というパターンです。日本語にすると「〜ということを伝えることをお許しください」のような雰囲気となり、角が立ちません。

▼ この表現がカバーする意味

#〜したらいかがでしょうか？　#お言葉ですが〜されては？

#言える立場ではないのですが〜されては？

POD 最低10回は音読しましょう

● 最初の**10**回(これだけでもOK) ● 勢いがついたらあと**10**回

1	2	3	4	5	6	7	8	9	10	11	12	13	14	15	16	17	18	19	20

● まだいけそうならプラス**10**回 ● 最強になれるトータル**40**回

21	22	23	24	25	26	27	28	29	30	31	32	33	34	35	36	37	38	39	40

Step 2 サイト・トランスレーション(一語認識トレーニング)

- Allow me ─────────── 許して
- to suggest that ─────── 提案することを
- you take a rest. ─────── 休養を取って

Step 3 リード&ルックアップ

Allow me to suggest that you take a rest.

Check!

suggest 提案する

take a rest 休養を取る

6 Can we say 〜 ?

🔊 Track | 15

Step 1 リード

Can we say it can wait till we see what we can do?
対応策が見つかるまでは放置ということでよろしいでしょうか？

「〜という理解でよろしいでしょうか？」のように「丁寧な言葉で同意を求める」ことは日本語でのビジネスと同じく英語でも頻出です。しかし、いざ英語で言おうと思うととっさには言えないことが多かったりします。Do you think 〜?やDo you agree 〜?のような尋ね方だとやはりぶっきらぼうに聞こえたり、稚拙な印象を与えることもあります。こんなときに役立つのがCan we say 〜?というパターンです。非常にシンプルな言葉ながら、穏やかで相手の立場にも配慮して話していることが伝わります。

▼ この表現がカバーする意味

#〜という理解でよろしいでしょうか？ #〜ということでよろしいでしょうか？ #〜ですよね？

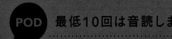

POD 最低10回は音読しましょう

🗣 最初の**10**回(これだけでもOK)

1	2	3	4	5	6	7	8	9	10

🗣 勢いがついたらあと**10**回

11	12	13	14	15	16	17	18	19	20

🗣 まだいけそうならプラス**10**回

21	22	23	24	25	26	27	28	29	30

🗣 最強になれるトータル**40**回

31	32	33	34	35	36	37	38	39	40

Step 2 サイト・トランスレーション（一語認識トレーニング）

- **Can we say** ⸺⸺ 〜ということ？
- **it can wait** ⸺⸺ 放置できる
- **till we see** ⸺⸺ 見つかるまで
- **what we can do?** ⸺⸺ 対応策

Step 3 リード＆ルックアップ

Can we say it can wait till we see what we can do?

Check!

till we see	見つかるまで
what we can do	対応策

47

よく言われるんだけど

7 People around me say 〜

🔊 Track **16**

Step 1 リード

> **People around me say** I shouldn't be too uptight, but I can't help it.
>
> 神経質になりすぎてはだめだとよく言われるけれど、ついそうなってしまうんです。

「よく言われるんだけど」「みんな言ってるよ」という日本語の表現は、私たちが無意識に非常によく使っています。特に会話の「出だし」で使うことが多く、結果的に英語の発話の瞬発力を高める効果も期待できます。また、「よく言われるんだけど」を日本語の発想のまま直訳すれば、I'm often told 〜のように受動態（受け身の形）になってしまい、英語として極めて不自然になります。

その代わりに、People around me (often) say 〜を使ってみるとその使い勝手の良さに驚くと思います。また、「みんなそう言ってるよ」のように使う「みんな」も結局は「私の周りにいる人」程度の意味なので、同じくこの表現がぴったりとあてはまるのです。

▼ **この表現がカバーする意味** ·······

#よく言われるんだけど #みんな言ってるよ #みんなが言ってるように

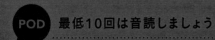

● 最初の10回（これだけでもOK）　　　● 勢いがついたらあと10回

1	2	3	4	5	6	7	8	9	10	11	12	13	14	15	16	17	18	19	20

● まだいけそうならプラス10回　　　● 最強になれるトータル40回

21	22	23	24	25	26	27	28	29	30	31	32	33	34	35	36	37	38	39	40

Step 2 サイト・トランスレーション（一語認識トレーニング）

- People around me say ———— よく言われるんだけど
- I shouldn't be ———— であるべきじゃない
- too uptight, ———— 神経質すぎる
- but I can't help it. ———— でもそうなってしまう

Step 3 リード＆ルックアップ

People around me say I shouldn't be too uptight, but I can't help it.

Check!

too uptight　神経質すぎる、ピリピリしすぎだ
I can't help it.　ついやってしまう、ついそうなってしまう

放っておく／出しゃばるな

8 stay out of it

Step 1 リード

> I just try to ignore it and stay out of it whenever I come across a situation like this.
>
> いつでもこういう状況に出くわしたときは、無視して関わり合いにならないようにしてる。

　ビジネスや、プライベートで、トラブルを避けるためなどの理由で特定の人や組織と関わらないようにする、という決断をすることは思いのほか多いものです。現代であればSNS上でもそれは同じことでしょう。

　この「放っておく」を英語にするときに思いつきやすいのはjust leave itなどの表現ですが、もう一歩踏み込んで「あえて関わらないよう意図的に回避する」という危機管理のニュアンスでは、stay out of itという表現が非常によく使われます。

　また上司が部下に強く Stay out of it! と言えばそれは「出しゃばるな（君の出る幕じゃない）」という意味にもなります。

▼ この表現がカバーする意味

#放っておく　#関わり合いにならないように　#出しゃばるな　#君の出る幕じゃない

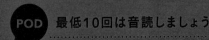

POD 最低10回は音読しましょう

🗣 最初の10回(これだけでもOK)

1	2	3	4	5	6	7	8	9	10

🗣 勢いがついたらあと10回

11	12	13	14	15	16	17	18	19	20

🗣 まだいけそうならプラス10回

21	22	23	24	25	26	27	28	29	30

🗣 最強になれるトータル40回

31	32	33	34	35	36	37	38	39	40

Step 2　サイト・トランスレーション(一語認識トレーニング)

- **I just try to ignore it** ⸺ 私はただ無視するようにしている
- **and stay out of it** ⸺ そして放っておく
- **whenever I come across** ⸺ 出くわすときはいつでも
- **a situation like this.** ⸺ こういった状況に

Step 3　リード＆ルックアップ

I just try to ignore it and stay out of it whenever I come across a situation like this.

Check!

ignore　無視する

situation　状況

51

モヤモヤする

9 doesn't sit right with me

🔊 Track | **18**

> **What doesn't sit right with me** is all the efforts are going unrecognized and unpaid.
>
> 私がモヤモヤしているのは、これだけ多くの努力が認められず賃金に反映されていないことなのです。

「モヤモヤする」「納得できない」のような言葉や概念を、私たちは日本語の世界では当たり前のものとしてまるで呼吸をするように使用しています。しかしいざ英語で同じことを言おうとすると、これほど言い方に悩むものもないかもしれません。こんなときこそ発想の違いを学び、周りに差をつけるチャンスです。声に出して体で覚え、新たな感覚を手に入れましょう。

▼ **この表現がカバーする意味**

(#モヤモヤする) (#納得できない) (#しっくり来ない)

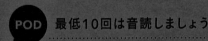

Step 2　サイト・トランスレーション(一語認識トレーニング)

- What doesn't sit right with me ── 私がモヤモヤしていること
- is ── は〜ことだ
- all the efforts ── 多くの努力が
- are going unrecognized ── 認められないでいる
- and unpaid. ── そして無報酬である

Step 3　リード＆ルックアップ

What doesn't sit right with me is all the efforts are going unrecognized and unpaid.

Check!

effort　努力

unrecognized　認識されない

unpaid　無報酬の

10 Let me 〜

🔊 Track | **19**

Step 1 リード

> **Let me tell you how it's been done** for the past 10 years or so.
>
> この10年ほどどのようにやってきたかをお話しします。

「〜させていただきたい」「〜したいと思います」のように、日常的に呼吸をするように使っている日本語ほど、いざ英語にしようとすると上手くいかないものです。こんなときに決まって頭に思い浮かぶのが、直訳的な、I want to 〜や I will 〜（I'm going to 〜）ですが、実際に会話で使うとどことなく不自然で子供っぽく聞こえてしまいます。

　こんなときは Let me 〜を使います。直訳すると「〜させてください」となりますが、短い一息でこちらの「やる気と積極性」や、日常で使う丁寧さを伴った表現である「〜させていただく」というニュアンスも同時に表現することが可能です。

▼この表現がカバーする意味

#〜させていただく　　#〜したいと思います　　#〜させてください

POD 最低10回は音読しましょう

● 最初の10回（これだけでもOK）　● 勢いがついたらあと10回

| 1 | 2 | 3 | 4 | 5 | 6 | 7 | 8 | 9 | 10 | 11 | 12 | 13 | 14 | 15 | 16 | 17 | 18 | 19 | 20 |

● まだいけそうならプラス10回　● 最強になれるトータル40回

| 21 | 22 | 23 | 24 | 25 | 26 | 27 | 28 | 29 | 30 | 31 | 32 | 33 | 34 | 35 | 36 | 37 | 38 | 39 | 40 |

Step 2 サイト・トランスレーション（一語認識トレーニング）

- Let me tell you ──── お話しさせてください
- how it's been done ──── それがどのように行われてきたか
- for the past 10 years or so. ──── この10年ほどの間

Step 3 リード＆ルックアップ

Let me tell you how it's been done for the past 10 years or so.

Check!

how it's been done　どのようにやってきたか

しっくりくる

11 it feels right

🔊 Track | 20

Step 1 リード

It's just something I have never done before, and it simply doesn't feel right for me.

こういうことをやったことがないし、しっくりとこないんだ。

　仕事でもプライベートでも、「理屈じゃなくて感覚的に良いとわかる」ときに多用される「しっくりくる／こない」という表現も、「いざ英語にしようとすると思いつかない」典型の表現だと言えます。

　「しっくりくる／こない」は、英語で直訳がない分いろいろな言い方が考えられますが、「もっとも汎用性が高く、使いまわしがきく」ことを基準に一つ選ぶとすれば、it (doesn't) feel right (for me) です。Itという無生物主語を使って瞬時に何でも主語に取れるスキルを向上させるためにも、it (doesn't) feel right (for me) を先に音読して身体に入れておきましょう！

▼ この表現がカバーする意味

#しっくりくる　#納得できる

● 最初の10回(これだけでもOK)　　　● 勢いがついたらあと10回

1	2	3	4	5	6	7	8	9	10	11	12	13	14	15	16	17	18	19	20

● まだいけそうならプラス10回　　　● 最強になれるトータル40回

21	22	23	24	25	26	27	28	29	30	31	32	33	34	35	36	37	38	39	40

Step 2　サイト・トランスレーション(一語認識トレーニング)

- It's just something　　　　　　　まさに
- I have never done before,　　　　やったことがない
- and　　　　　　　　　　　　　　そして
- it simply doesn't feel right　　　ただしっくりこない
- for me.　　　　　　　　　　　　私には

Step 3　リード&ルックアップ

It's just something I have never done before, and it simply doesn't feel right for me.

Check!

something I have never done before　全くやったことがないこと

もし〜だったら？

12 What if 〜

🔊 Track | **21**

Step 1 リード

> **What if our competitors keep track of** what we're trying to do?
>
> 競争相手が私たちの取り組みを把握していたらどうしましょうか？

「もし〜だったらどうしよう？」というリスクマネジメントのための仮定の思考は、What if 〜?というパターンを知っておけば瞬時に口に出すことができます。「〜が発生する可能性があることが実は懸案となっておりまして…」のような長々とした日本語の言い回しも、What if 〜 occurs?（もし〜が起こったらどうしましょうか？）と言えるようにすれば、要点とリスクの存在をわずか数語で伝えられます。

また、What if〜?は英語の練習として「ひとり言英会話」をするときにも非常に重宝します。

▼ **この表現がカバーする意味**

#もし〜だったら？ #もし〜したらどうしましょうか？

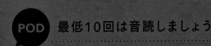

POD 最低10回は音読しましょう

● 最初の**10回**(これだけでもOK)

1	2	3	4	5	6	7	8	9	10

● 勢いがついたらあと**10回**

11	12	13	14	15	16	17	18	19	20

● まだいけそうならプラス**10回**

21	22	23	24	25	26	27	28	29	30

● 最強になれるトータル**40回**

31	32	33	34	35	36	37	38	39	40

Step 2　サイト・トランスレーション(一語認識トレーニング)

- **What if** ———————————— もし〜だったらどうしよう
- **our competitors keep track of** —— 競争相手が追跡する
- **what we're trying to do?** ———— 私たちがやっていること

Step 3　リード&ルックアップ

What if our competitors keep track of what we're trying to do?

Check!

keep track of 〜　〜を追跡する

what we're trying to do　私たちがやろうとしていること

59

13 〜の出番だ
where 〜 comes in

🔊 Track | **22**

This is exactly where this product comes in.
これこそまさにこの製品が役に立つ場面です。

「〜の出番」という日本語表現は、ビジネス、日常生活に関係なくよく使われますが、それにもかかわらず直訳が通じにくいという厄介な特徴があります。そんなときはwhereとcomeという非常に基本的な単語のコンビネーションの出番です。自社製品やサービス、そしてテクノロジーなどの有効性のアピールを行うときなどにも非常に重宝します。「関係詞＋主語＋動詞」の組み合わせを使うことによって、日本語の概念も容易に英語化できるようになっていきます。この感覚を大切にしましょう！

▼ この表現がカバーする意味

#〜の出番だ #〜が役に立つ場面です

最低10回は音読しましょう

最初の10回(これだけでもOK) **勢いがついたらあと10回**

| 1 | 2 | 3 | 4 | 5 | 6 | 7 | 8 | 9 | 10 | 11 | 12 | 13 | 14 | 15 | 16 | 17 | 18 | 19 | 20 |

まだいけそうならプラス10回 **最強になれるトータル40回**

| 21 | 22 | 23 | 24 | 25 | 26 | 27 | 28 | 29 | 30 | 31 | 32 | 33 | 34 | 35 | 36 | 37 | 38 | 39 | 40 |

Step 2 サイト・トランスレーション（一語認識トレーニング）

- This is exactly ———————— これこそまさに
- where this product comes in. —— この製品が役に立つ場面です

Step 3 リード＆ルックアップ

This is exactly where this product comes in.

Check!

exactly まさに

14 be more creative

Step **1**　リード

> Before adding more equipment, consider how you can be more creative with the ones you already have.
> 新しい機材を導入する前に、すでに手元にあるもので工夫することを考えなさい。

「意外に言えない日常表現」の典型ですね。「工夫する」「工夫します」「工夫したら？」といった表現は、ビジネス、プライベートを問わず驚くほど多く使われているにもかかわらず、いざ英語にしようとすると結構大変だったりします。そこで「工夫」という概念が表す内容を考えてみると、「創造的に対処する」という意味であることがわかります。そしてこの表現と同じ文脈で高頻度に使用される英語表現は、be creative (become creative) となります。これで「工夫する」という日本語を完全に置き換えることができ、話しやすさが格段に向上します。

▼ **この表現がカバーする意味**

#工夫する　#工夫します　#工夫したらどうでしょう

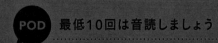

POD 最低10回は音読しましょう

● 最初の10回(これだけでもOK)

| 1 | 2 | 3 | 4 | 5 | 6 | 7 | 8 | 9 | 10 |

● 勢いがついたらあと10回

| 11 | 12 | 13 | 14 | 15 | 16 | 17 | 18 | 19 | 20 |

● まだいけそうならプラス10回

| 21 | 22 | 23 | 24 | 25 | 26 | 27 | 28 | 29 | 30 |

● 最強になれるトータル40回

| 31 | 32 | 33 | 34 | 35 | 36 | 37 | 38 | 39 | 40 |

Step 2 サイト・トランスレーション(一語認識トレーニング)

- **Before adding more equipment,** ── 新しい機材を導入する前に
- **consider how you can** ──────── どう〜できるか考えなさい
- **be more creative** ──────────── 工夫する
- **with the ones you already have.** ── すでに手元にあるもので

Step 3 リード＆ルックアップ

Before adding more equipment, consider how you can be more creative with the ones you already have.

Check!

equipment　機材、装備

the ones you already have　すでに持っているもの

63

なんなら

15 I'd even say

🔊 Track | **24**

Step 1 リード

> I live alone and do remote work. I'd even say I talk to the devices more than I talk to real people.
>
> 一人暮らしのリモートワークで、なんなら人間より機械に声をかける頻度の方が多い。

　近年SNS上を含めて非常によく使われるようになった「しかも」「さらに」「（私は）そこまで言いますよ」「（きつい言い方かもしれないが）言わせていただきますよ」といったニュアンスの「なんなら」を英語で口に出せるようにしましょう。「それは日本語としておかしい」「それは誤用だ」といった意見もあるかとは思いますが、「実際に広く使われ、使っている」言葉は相応に英語でも言えるようにしておく、という姿勢がスピーキング力を向上させてくれるのです。

▼ この表現がカバーする意味

#なんなら　#しかも　#さらに　#そこまで言いますよ
#言わせていただきますよ

POD 最低10回は音読しましょう

● 最初の10回(これだけでもOK)
| 1 | 2 | 3 | 4 | 5 | 6 | 7 | 8 | 9 | 10 |

● 勢いがついたらあと10回
| 11 | 12 | 13 | 14 | 15 | 16 | 17 | 18 | 19 | 20 |

● まだいけそうならプラス10回
| 21 | 22 | 23 | 24 | 25 | 26 | 27 | 28 | 29 | 30 |

● 最強になれるトータル40回
| 31 | 32 | 33 | 34 | 35 | 36 | 37 | 38 | 39 | 40 |

Step 2 サイト・トランスレーション（一語認識トレーニング）

- **I live alone** ——————————— 私は一人暮らし
- **and** ——————————— そして
- **do remote work.** ——————————— リモートで働いている
- **I'd even say** ——————————— なんなら
- **I talk to the devices** ——————————— 機械に声をかける
- **more than I talk to real people.** ——— 人間と話すよりも多い

Step 3 リード＆ルックアップ

I live alone and do remote work. I'd even say I talk to the devices more than I talk to real people.

Check!

remote work	リモートワーク
device	機械

つい、やってしまう

16 tend to 〜

Step 1 リード

> I prefer cold rooms because I tend to slack off when the temperature is warm.
>
> 暖かいとついついだらけちゃうから寒い部屋の方がいい。

　日本語で心の中のひとり言でよく言うものの一つが、「つい、やってしまう！」という表現ですね。これを英語で言えるようにしておかない手はありません！ 普段よく思っている表現を使うことこそ、英語を瞬時に口に出す回路を作ることに役立ちます。I can't help it.（ついそれをやってしまう！）という表現は有名かもしれませんが、もう一つ、tend to 〜（〜しがちなんだ）という表現も負けず劣らず使われます。

　tend to 〜 は学校で習ったビジネス寄りの「〜する傾向がある」という訳語よりも「つい〜してしまう」「〜しちゃうんだよなぁ」という訳語を優先的に覚えておいた方が普段使いの会話力を上げるには有効です。いわゆる「ひとり言英語」や英文日記にも使いやすい表現です。

▼ この表現がカバーする意味

#つい、やってしまう　#つい〜してしまう　#〜しちゃうんだよなあ　#〜する傾向がある

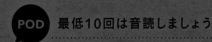

POD 最低10回は音読しましょう

● 最初の**10回** (これだけでもOK)　　　● 勢いがついたらあと**10回**

| 1 | 2 | 3 | 4 | 5 | 6 | 7 | 8 | 9 | 10 | 11 | 12 | 13 | 14 | 15 | 16 | 17 | 18 | 19 | 20 |

● まだいけそうならプラス**10回**　　　● 最強になれるトータル**40回**

| 21 | 22 | 23 | 24 | 25 | 26 | 27 | 28 | 29 | 30 | 31 | 32 | 33 | 34 | 35 | 36 | 37 | 38 | 39 | 40 |

Step 2 サイト・トランスレーション(一語認識トレーニング)

- **I prefer cold rooms** ————— 寒い部屋の方がいい
- **because** ————— なぜなら
- **I tend to slack off** ————— ついなまけてしまう
- **when the temperature is warm.** ——— 気温が暖かいと

Step 3 リード&ルックアップ

I prefer cold rooms because I tend to slack off when the temperature is warm.

Check!

prefer 〜　〜の方がいい

slack off　だらける、なまける

temperature　温度

取り組む

17 work on 〜

🔊 Track | 26

Step 1 リード

My management skill should be better than it is, so I'd better start working on it.

自分のマネジメント能力はまだまだだから、真剣に取り組もうと思っています。

「〜に取り組んでいます」という日本語は、仕事の種類に関係なく非常に高い頻度で使われる表現の代表といえます。それはすなわち、英語で同じことが言えたら会話の力が一気に向上することを意味しています。work on 〜という表現は、この日本語表現と完全な互換性があるので速効性を感じられ、英語学習のモチベーションの向上にまでつなげることが可能です。work onの中心のイメージは、「ねばり強く食らいつき離れない」、"on"という目に見える状態や動作だと言えます。

▼この表現がカバーする意味

#〜にじっくり取り組む   #〜に対応する   #(恋愛で)好きな人を落とそうとしている
#(ビジネス交渉などで)相手を納得させようとしている   #(薬などが)〜に効く   #〜に似合う
#〜への努力をする   #〜をあきらめずにやる

Step 2 サイト・トランスレーション(一語認識トレーニング)

- **My management skill** ———— 自分のマネジメント能力
- **should be better than it is,** ——— 〜はまだまだだ
- **so I'd better** ———— だから〜した方がいい
- **start working on it.** ———— それに取り組み始めるのを

Step 3 リード&ルックアップ

My management skill should be better than it is, so I'd better start working on it.

Check!

should be better than it is 〜はまだまだだ(もっと良くないといけない)
I'd better 〜 〜した方がいいな (had better 〜は、きつい言い方となりうる表現ですが、主語が "I" のときは使っても問題はありません)

どっちかというとどっち？

18 Which one is it more of 〜 ?

🔊 Track | 27

Step 1 リード

Which one is it more of, a budget issue or just a management problem?

予算の問題か、単なるマネジメントの問題なのか、どちらかというとどちらでしょうか？

「どっちかっていうとどっちだと思う？」ビジネス、プライベートの双方でこのような「微妙で繊細な選択や意思決定」を迫る場面は多いです。無意識に使われることが多い表現ゆえに、いざ英語で言おうとすると言葉に詰まってしまうものです。

そんなときに大活躍するのが、Which one is it more of, A or B?（どっちかっていうとどっち？ AそれともB？）というフレーズです。

例えば交渉相手に二者択一を迫るときなどにも、この表現を使うことで返答のハードルを下げ、こちらに有利な返答をしてもらえるようになります。

▼ この表現がカバーする意味

#どっちかというとどっち？ #どちらかといえば

最低10回は音読しましょう

POD

■ 最初の10回(これだけでもOK)

| 1 | 2 | 3 | 4 | 5 | 6 | 7 | 8 | 9 | 10 |

■ 勢いがついたらあと10回

| 11 | 12 | 13 | 14 | 15 | 16 | 17 | 18 | 19 | 20 |

■ まだいけそうならプラス10回

| 21 | 22 | 23 | 24 | 25 | 26 | 27 | 28 | 29 | 30 |

■ 最強になれるトータル40回

| 31 | 32 | 33 | 34 | 35 | 36 | 37 | 38 | 39 | 40 |

Step 2 サイト・トランスレーション(一語認識トレーニング)

■ **Which one is it more of,** — どちらかというとどちらでしょうか？

■ **a budget issue** — 予算の問題

■ **or just a management problem?** — それとも単なるマネジメントの問題か

Step 3 リード＆ルックアップ

Which one is it more of, a budget issue or just a management problem?

Check!

budget issue　予算の問題

71

▌Itだけを主語に一日を生きる

　私が英語を独学し駆け出しの通訳者だった20代の頃、一つの疑問を持ちました。
それは子どもの頃から海外で生活をしてきた「帰国子女」の人たちや英語のネイティブスピーカーが使う英語と私が使う英語では言葉にできない「何か」が大きく違っているということでした。

　発音などの音声面ではなく、話される英語の「表現の質」が根本的に違うのです。彼らが使う表現はとにかく「軽やか」で、私が英語にしたいと思っていた内容が「こんなにシンプルでスマートに言えるのか！」と驚かされたものです。

　その答えはItにありました。
　彼らはとにかく主語であれ、目的語であれ、**Itをこれでもかというほど使い倒している**のです。しかも無意識に。これは本音で感情をともなって話すときほど多用されます。

　「これができるようになりたい！」
　私は当時、Itに対し以下のような訳語を心の中で当てました。

・自分がおかれている状況
・世の中、物事、いろいろ
・自分が話したい対象すべて

　具体的な例をいくつかご紹介します。

「(記事などの内容が)**ふわふわしてよくわからない**」
⇒It's hard to tell what it says.

「(私の英語や実力は)**まだまだです**」
⇒It should be better than it is.

「**世の中そんなもんだよ**」
⇒It is what it is.

「モヤモヤする」
「モヤる」
「いかがなものかと」
⇒It doesn't (quite) sit right with me.

「願ってもない展開」
⇒It came easy for me.

「紆余曲折あったけど、何とかなった」
「なにはともあれ、何とかなった」
⇒No matter what, it worked.

「（そんなことをすると）ロクなことがない」
⇒It's not worth it.

「うやむやにする」
⇒Make it fade over time.

「縁がなかった」
⇒It wasn't meant to be.

　このように「普段目や耳に触れる英語で使われるIt」に注目する習慣をつけ、その英語に対応する日本語を自分なりに考えるだけでよいのです。自分なりの「It英語表現コレクション」が増えてきたら、「今日はできるだけItを使って生きてみよう！」のような楽しいチャレンジを自分に課します。

　私はこのトレーニングで英語の発話が驚くほど素早く、スムーズになりました。

あわよくば

19 would even 〜

Step 1 リード

> That guy is extremely power-hungry, and I think he would even try to marry her just because she's the daughter of the president of the company.
>
> 彼は極端に権力志向で、あの会社の社長の娘というだけで、あわよくば彼女と結婚しようとさえすると私は思う。

「あわよくば」という表現は、おそらく日常生活でもビジネスでも「無意識によく使っているけれど、いざ英語にしようとすると訳せない」典型だといえます。この表現が意味する内容をかみ砕いてみると、「もし可能であれば／必要とあらば〜さえやってやろうと思っている」と解釈できます。

　基本的な語彙で言える I would even do 〜で、「(もし可能であれば／必要とあらば)〜さえやってやろうと思っている」という意味になり、「あわよくば」という日本語と同じくらい気軽に口に出せるようになります。

▼この表現がカバーする意味

#あわよくば　#(もし可能であれば)〜さえやってやろうと思っている
#(必要とあらば)〜さえやってやろうと思っている

POD 最低10回は音読しましょう

● 最初の10回(これだけでもOK)　　　● 勢いがついたらあと10回

1	2	3	4	5	6	7	8	9	10	11	12	13	14	15	16	17	18	19	20

● まだいけそうならプラス10回　　　　● 最強になれるトータル40回

21	22	23	24	25	26	27	28	29	30	31	32	33	34	35	36	37	38	39	40

Step 2　サイト・トランスレーション(一語認識トレーニング)

- That guy ──────────────── 彼は
- is extremely power-hungry, ──── 極端に権力志向で
- and I think ─────────────── そして私は思う
- he would even ───────────── あわよくば
- try to marry her ─────────── 結婚しようとさえする
- just because she's the daughter of ── 〜の娘というだけで
- the president of the company. ── あの会社の社長

Step 3　リード&ルックアップ

That guy is extremely power-hungry, and I think he would even try to marry her just because she's the daughter of the president of the company.

Check!

power-hungry　権力志向の

just because 〜　〜というだけの理由で

75

20 it's debatable

🔊 Track | **29**

Step 1 リード

I know it's debatable, but I think we're overusing the budget allowed.

微妙なところだとは思うけど、俺たち使用許可を得た予算を使いすぎていないか？

これも日常でまるで呼吸をするかのごとく無意識に口に出している表現だと言えます。ただ、いざ英語にしようとすると、意外に言えず会話の流れを止めかねません。debate（ディベート＝討論）という言葉からもわかるように、「自分の心の中で、肯定側と否定側に分かれて結論が出ずに議論をしている」というイメージです。

▼ この表現がカバーする意味

#微妙だなぁ #さぁどうだろう？ #よく考えないとわからないね #議論の余地があるね
#疑わしい #にわかには信じがたい

POD 最低10回は音読しましょう

● 最初の10回(これだけでもOK)

1	2	3	4	5	6	7	8	9	10

● 勢いがついたらあと10回

11	12	13	14	15	16	17	18	19	20

● まだいけそうならプラス10回

21	22	23	24	25	26	27	28	29	30

● 最強になれるトータル40回

31	32	33	34	35	36	37	38	39	40

Step 2 サイト・トランスレーション(一語認識トレーニング)

- I know it's debatable, ——— 微妙だけど
- but I think ——— でも思う
- we're overusing ——— 〜を使いすぎている
- the budget allowed. ——— 許可を得た予算

Step 3 リード&ルックアップ

I know it's debatable, but I think we're overusing the budget allowed.

Check!

overuse 使いすぎる

21

迷っています／悩んでいます

I'm debating on
～

Step 1 リード

> **I'm debating on** whether I should go back to the grad school or not.
> 大学院に戻るかどうか迷ってるんだ。

「迷う」「悩む」このような表現は、人生のあらゆる意思決定の局面で無意識に使われていますが、いざ英語にしようとすると、それこそ「悩む」を英語でどう言えばいいのか？ と悩むことになるものです。

　こんなときに役に立つのが、I'm debating on ～という表現です。

　debate（ディベート）と言えば、肯定側と否定側に分かれて討論をすることを指しますが、ここでは自分自身の心の中で、肯定側と否定側に分かれて延々と答えが出ない議論が行われているイメージになります。

　「迷っている」「悩んでいる」という難訳日本語と完全な互換性があるので、英語での発話力に大いに貢献する表現です。

▼ この表現がカバーする意味

#迷っています　　#悩んでいます

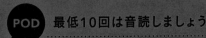

POD 最低10回は音読しましょう

● 最初の10回 (これだけでもOK)

| 1 | 2 | 3 | 4 | 5 | 6 | 7 | 8 | 9 | 10 |

● 勢いがついたらあと10回

| 11 | 12 | 13 | 14 | 15 | 16 | 17 | 18 | 19 | 20 |

● まだいけそうならプラス10回

| 21 | 22 | 23 | 24 | 25 | 26 | 27 | 28 | 29 | 30 |

● 最強になれるトータル40回

| 31 | 32 | 33 | 34 | 35 | 36 | 37 | 38 | 39 | 40 |

Step 2 サイト・トランスレーション (一語認識トレーニング)

- I'm debating on ⋯⋯⋯⋯ 〜に迷ってる
- whether I should go back ⋯⋯ 戻るべきかどうか
- to the grad school ⋯⋯⋯⋯ 大学院に
- or not. ⋯⋯⋯⋯⋯⋯⋯⋯ 戻らないか

Step 3 リード&ルックアップ

I'm debating on whether I should go back to the grad school or not.

Check!

grad school　大学院

79

22 take a wrong turn ／ go wrong

🔊 Track | **31**

Step 1 リード

I guess that's where he took a "wrong turn"...
そこで彼は"地雷を踏んじゃった"みたいだね…。

「地雷」を仮に直訳でlandmineだと知っていても、日本語としてのこうした表現は比喩として使うので瞬時に英語にはできません。

　そこで、この表現に含まれる「意図とイメージ」に注意を向けると、「想定外の（悪い）展開になる」という解釈ができます。

　take a wrong turn は無生物主語や状況を表す It (It は"状況"という訳で覚えておくと主語として使いやすい) とともに使用されることが多く、無生物主語を使う英語的な発想を身につけることに役立ちます。

例　Oh, that's where "it went wrong".
　　（あ〜、そこで"ボタンのかけ違い"が起こったのか）

▼ **この表現がカバーする意味**

#地雷を踏む　#予想外の(悪い)展開になる　#(比喩的に)ボタンをかけ違える
#(会話や状況などが)おかしな方向に行く

● 最初の**10**回(これだけでもOK)

1	2	3	4	5	6	7	8	9	10

● 勢いがついたらあと**10**回

11	12	13	14	15	16	17	18	19	20

● まだいけそうならプラス**10**回

21	22	23	24	25	26	27	28	29	30

● 最強になれるトータル**40**回

31	32	33	34	35	36	37	38	39	40

Step 2 サイト・トランスレーション(一語認識トレーニング)

- I guess ———————— おそらく〜だろうな
- that's where ———————— そこで〜した
- he took a "wrong turn"... ——— 彼は地雷を踏んでしまった

Step 3 リード&ルックアップ

I guess that's where he took a "wrong turn"...

Check!

that's where 〜 そこで〜したんだな

I guess 〜 おそらく〜なのだろうな

23

〜という体で／〜のふりをして

make it look like 〜

Step 1 リード

> **I did the job, but they make it look like my boss did it.**
> 私がやった仕事なのに、上司がやったという体になってる。

　ビジネスなどで、「大人の事情」について話したり、「言い訳」をするときなど、本音で話すときに用いられる「〜という体で」という表現はよく使われるにもかかわらず、直訳が不可能な表現の典型だといえます。ここで基本動詞 make と状況を表す it の出番です！

　like 以下の部分にはありとあらゆる英文（主語＋動詞〜）を使用することができ、非常に使い勝手の良い表現でもあります。

▼ この表現がカバーする意味

#〜という体で　　#〜のふりをして

最低10回は音読しましょう

● 最初の**10**回（これだけでもOK） ● 勢いがついたらあと**10**回

| 1 | 2 | 3 | 4 | 5 | 6 | 7 | 8 | 9 | 10 | 11 | 12 | 13 | 14 | 15 | 16 | 17 | 18 | 19 | 20 |

● まだいけそうならプラス**10**回 ● 最強になれるトータル**40**回

| 21 | 22 | 23 | 24 | 25 | 26 | 27 | 28 | 29 | 30 | 31 | 32 | 33 | 34 | 35 | 36 | 37 | 38 | 39 | 40 |

Step 2 サイト・トランスレーション（一語認識トレーニング）

- I did the job,————————— 私はその仕事をした
- but they make it look like ——— でも〜という体になっている
- my boss did it.——————— 私の上司がやった

Step 3 リード＆ルックアップ

I did the job, but they make it look like my boss did it.

Check!

boss 上司

24

I know this is a lot to ask, but 〜

🔊 Track | **33**

> I know this is a lot to ask, but in the long term, I'm sure this will be beneficial for both of us.
> そこをなんとか…長い目で見ればお互いにとって良い結果になると確信しているんです。

　ビジネスなどで「そこをなんとか（お願いします）」と、半ば強引に相手に頼みごとをするという局面は避けたいものですが、そこから交渉を始める戦略も現実にはあり得ます。

　その意味で、頻出かつ重要な表現ですが、いざ英語にしようとするとなかなか大変かもしれません。最もシンプルですぐに使える表現として、I know this is a lot to ask, but 〜をおすすめします。「無理（a lot）を承知でのお願いですが…」というニュアンスです。

▼ **この表現がカバーする意味**

(#そこをなんとか)　(#なんとかお願いします)

Step 2　サイト・トランスレーション（一語認識トレーニング）

- **I know this is a lot to ask,** —— そこをなんとか…
- **but in the long term,** —— でも長いスパンでは
- **I'm sure** —— 確信している
- **this will be beneficial** —— これは利益になる
- **for both of us.** —— 双方にとって

Step 3　リード＆ルックアップ

I know this is a lot to ask, but in the long term, I'm sure this will be beneficial for both of us.

Check!

in the long term　長い目で見れば

beneficial　有益な

\ パワー音読 /

25

スカッとするだろうな

It'd be so satisfying 〜

🔊 Track | **34**

Step 1 リード

> **It'd be so satisfying** to tell off and beat up my boss at the office.
> オフィスで上司にガツンと言って殴ってやったらスッキリするだろうなぁ。

「スカッとする」「スッとする」は日本語では擬態音（ぎたいおん）の部類に入りますが、公私を問わず非常によく使われます。しかしいざ英語化するとなると結構大変だったりします。こんなときにほぼ同じニュアンスで気軽にどんどん使えるのがsatisfyingという表現。直訳すると「満足させる」という意味ですが、実際に使われる文脈を見ると「スカッとする」とほぼ同じ意味だとわかります。

　例えばスポーツの試合の大逆転や、勧善懲悪ものの映画などで悪者が豪快に倒されるときなどに、"It's satisfying to watch 〜." という表現が感情とともに吐き出されます。
　また、この表現はwouldを用いた仮定法過去とともによく使われることを知っておくと、さらに使いやすくなります。「(もし)〜したらスカッとするだろうなぁ」というニュアンスです。

▼ この表現がカバーする意味

#スカッとする　#スッとする　#スッキリする　#胸がすく　#(うっぷん/恨みなどを)晴らす

86

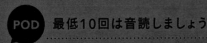

POD 最低10回は音読しましょう

● 最初の**10**回（これだけでもOK） ● 勢いがついたらあと**10**回

| 1 | 2 | 3 | 4 | 5 | 6 | 7 | 8 | 9 | 10 | 11 | 12 | 13 | 14 | 15 | 16 | 17 | 18 | 19 | 20 |

● まだいけそうならプラス**10**回 ● 最強になれるトータル**40**回

| 21 | 22 | 23 | 24 | 25 | 26 | 27 | 28 | 29 | 30 | 31 | 32 | 33 | 34 | 35 | 36 | 37 | 38 | 39 | 40 |

Step 2 サイト・トランスレーション（一語認識トレーニング）

- It'd be so satisfying ——— とてもスッキリするだろうな
- to tell off ——— ガツンと言って
- and beat up my boss ——— 上司をボコボコにする
- at the office. ——— オフィスで

Step 3 リード＆ルックアップ

It'd be so satisfying to tell off and beat up my boss at the office.

Check!

tell off　ガツンと言う

beat up　殴る、ボコボコにする

87

彼らなりにやっている

26 They're doing what they can

🔊 Track | **35**

Step **1** リード

It's not like they aren't trying. They're doing what they can to make a change for the better!

彼らが頑張っていないというわけではないんです。彼らなりに状況を改善すべくやってくれていることは間違いありません。

「私なりにはやっているのですが…」「できないなりにやってるんです…」「彼は彼なりに頑張っているじゃないですか」など、このような「〜なりに」という日本語は、ビジネスシーンで「思ったような結果は（まだ）出せていないけれど、努力してはいるんです」という「角が立たないように反論しながら、上司などに理解を求める」ときに非常に重宝します。

　いざ英語にしようとすると、意外に言えない表現の典型ですが、関係詞のwhatを使うことでこの問題は瞬時に解決します。

　I'm doing what I can. で「私なりにやっている」となります。

▼ この表現がカバーする意味

#私なりにやっているのですが…　#彼らなりにやっているのですが…
#できないなりにやってるんです…　#自分なりに頑張ってはいるんだけど…

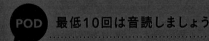

● 最初の**10**回(これだけでもOK)   ● 勢いがついたらあと**10**回

| 1 | 2 | 3 | 4 | 5 | 6 | 7 | 8 | 9 | 10 | 11 | 12 | 13 | 14 | 15 | 16 | 17 | 18 | 19 | 20 |

● まだいけそうならプラス**10**回   ● 最強になれるトータル**40**回

| 21 | 22 | 23 | 24 | 25 | 26 | 27 | 28 | 29 | 30 | 31 | 32 | 33 | 34 | 35 | 36 | 37 | 38 | 39 | 40 |

Step 2 サイト・トランスレーション(一語認識トレーニング)

- **It's not like** ——————————— 〜というわけではない
- **they aren't trying.** ——————— 彼らが頑張っていない
- **They're doing what they can** —— 彼らなりにやっている
- **to make a change** —————————— 状況を変える
- **for the better!** ————————————— 良い方向に向けて

Step 3 リード&ルックアップ

It's not like they aren't trying.
They're doing what they can to make a change for the better!

Check!

make a change　変化を起こす

for the better　良い方向に向かって

89

適切に対処する

27 act accordingly

Step 1　リード

> **You should act accordingly** to be as calm as you can be no matter what happens.
>
> 何があろうとできるだけ冷静でいられるように適切な対応を取るようにしてね。

「適切に対処（対応）します」このフレーズをこれまでに何度使っただろうか、と過去を振り返ってみればこの表現がどれだけ会話力向上に貢献するかがイメージできると思います。しかしながら、いざ英語で言おうとすると結構大変だったりします。

　このようなときは「最も使いまわしがきく表現を最優先して練習する」を鉄則とします。「適切に」と聞くとappropriateやdo my bestなどの表現を思いつきがちかもしれませんが、「状況に応じて対処（対応）する」というニュアンスも含め、最も万能な表現の一つがact accordinglyです。

▼ この表現がカバーする意味

#適切に対処する　#適切な対応を取る

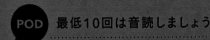

● 最初の10回(これだけでもOK) ● 勢いがついたらあと10回

| 1 | 2 | 3 | 4 | 5 | 6 | 7 | 8 | 9 | 10 | 11 | 12 | 13 | 14 | 15 | 16 | 17 | 18 | 19 | 20 |

● まだいけそうならプラス10回 ● 最強になれるトータル40回

| 21 | 22 | 23 | 24 | 25 | 26 | 27 | 28 | 29 | 30 | 31 | 32 | 33 | 34 | 35 | 36 | 37 | 38 | 39 | 40 |

Step 2 サイト・トランスレーション(一語認識トレーニング)

- You should ——— 〜した方がいい
- act accordingly ——— 適切に対処する
- to be as calm as ——— 冷静でいられるように
- you can be ——— できるだけ
- no matter what happens. ——— 何があっても

Step 3 リード＆ルックアップ

You should act accordingly to be as calm as you can be no matter what happens.

Check!

no matter what happens 何があっても

what happens 起こること、発生する事象

丸く収める

28 de-escalate the situation

Step 1 リード

I'm sorry, but if you can't de-escalate an angry customer situation, you shouldn't be in charge of this.

言いたくないけど、客がキレてる状況を丸く収められないならこの業務は担当しない方がいい。

　ビジネス、私生活を問わず、何らかのトラブルが起きた際に、「丸く収める」という日本語は無意識のレベルでよく使われます。これも「いざ英語にしようとすると、とっさには英語化できない」表現の典型ですね。

　ここでde-escalateという表現の出番です。de-escalateには「(規模・量・程度などを)徐々に縮小させる」という意味があり、転じて「(緊張・対立などを)徐々に緩和させる」という意味で使用されています。この表現は、個人、グループ、企業、そして国家間というスケールであっても同様に使えるとても便利な表現です。

▼ この表現がカバーする意味

#丸く収める #緊張をほぐす

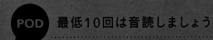
Step 2　サイト・トランスレーション（一語認識トレーニング）

- I'm sorry,　　　　　　　　　　　悪いけど
- but if you can't　　　　　　　　もし君ができないなら
- de-escalate　　　　　　　　　　丸く収める
- an angry customer situation,　　客がキレてる状況を
- you shouldn't　　　　　　　　　〜べきじゃない
- be in charge of this.　　　　　　この業務を担当する

Step 3　リード＆ルックアップ

　I'm sorry, but if you can't de-escalate an angry customer situation, you shouldn't be in charge of this.

Check!

be in charge of 〜　〜を担当する / 担当している

93

for political reasons

🔊 Track | **38**

> It looks like we have no choice but to purchase their products this time for political reasons.
> 大人の事情で今回は先方の製品を購入するしかなさそうだな。

　ビジネスなどでのいわゆる「本音トーク」で非常によく使われる日本語の一つが、「大人の事情で…」という表現です。もちろんこれと同じタイプの会話は英語の世界にも存在し、それに対応する表現が存在します。

　「大人の事情」はいざ英語に直訳しようとすると、なかなか言えないものですが、「人間関係、しがらみ、（組織間などの）力関係」と考えれば、for political reasons（政治的な理由で）という表現が使えることがわかります。

　この表現は「大人の事情で」という日本語と完全に置き換えがきき、まるで日本語を話すかのように英語で使うことができるので重宝します。

▼ **この表現がカバーする意味**

`#大人の事情で`　`#裏でいろいろありまして`　`#いろいろなしがらみのせいで`　`#政治的な理由で`

POD 最低10回は音読しましょう

🔊 最初の10回 (これだけでもOK)

1	2	3	4	5	6	7	8	9	10

🔊 勢いがついたらあと10回

11	12	13	14	15	16	17	18	19	20

🔊 まだいけそうならプラス10回

21	22	23	24	25	26	27	28	29	30

🔊 最強になれるトータル40回

31	32	33	34	35	36	37	38	39	40

Step 2　サイト・トランスレーション（一語認識トレーニング）

- It looks like ―――――― 〜のようだ
- we have no choice ―――― 選択肢がない
- but to purchase ―――― 購入するしか
- their products ――――― 彼らの製品
- this time ――――――― 今回は
- for political reasons. ―――― 大人の事情で

Step 3　リード＆ルックアップ

It looks like we have no choice but to purchase their products this time for political reasons.

Check!

It looks like 〜　〜のようだ

have no choice but to 〜　〜するしか選択肢がない

30 underutilized

■》 Track | **39**

Step 1 リード

> **What breaks my heart is how much talent is underutilized and suppressed.**
> 何がつらいかって、大量の才能がもったいない扱いをされている（＝活用されず抑圧されている）ということなんだ。

「もったいない」という言葉が使われる局面は極めて多いですが、ビジネスの局面などで多用される「〜の才能（人材）がもったいない」「〜のリソースがもったいない」のような言い方を英語にするにはどうすればいいでしょうか？

　waste of talent（才能の無駄）のような言い方もありますが、ここでは新しい発想とともにもう一つの頻出パターンを体得しておきましょう。

　underutilized（活用されていない、生かされていない）は、転じて日本語の「もったいない」とほぼ同じニュアンスを持ちます。

▼ この表現がカバーする意味

#もったいない　#生かされていない　#活用されていない

POD 最低10回は音読しましょう

● 最初の10回 (これだけでもOK)

1	2	3	4	5	6	7	8	9	10

● 勢いがついたらあと10回

11	12	13	14	15	16	17	18	19	20

● まだいけそうならプラス10回

21	22	23	24	25	26	27	28	29	30

● 最強になれるトータル40回

31	32	33	34	35	36	37	38	39	40

Step 2 サイト・トランスレーション（一語認識トレーニング）

- What breaks my heart is .... 私が残念に思うのは
- how much talent is .... いかに多くの才能が
- underutilized .... 生かされず
- and suppressed. .... 抑えられている

Step 3 リード＆ルックアップ

What breaks my heart is how much talent is underutilized and suppressed.

Check!

what breaks my heart 私の心を痛めるもの、失望させるもの

how much talent is underutilized and suppressed

いかに多くの才能が生かされず抑圧されているか

97

（〜を）世に問う

31 get 〜 out there

🔊 Track | **40**

Step 1 リード

> **You should get your thoughts and ideas out there**, and
> see how the people will respond.
>
> 君は自分の思いや考えを世に問い、反応を見るべきだよ。

　自分の考えや、開発した製品などを「世に問う」という表現は、日常でもビジネスの現場でもよく使われますが、いざ英語化しようとするとなかなか適切な言葉が出てこないものです。

　「世 =world」「問う =ask」のように直訳的に考えてしまうと、その場で会話は停止してしまいます。

　get 〜 out there は日本語に訳すと、「外の世界（最前線）に放り出してみる」という意味になり、「世に問う」という日本語のニュアンスとほぼ同じになります。

▼ この表現がカバーする意味

世に問う　#リリースする　#世に送り出す　#市場に出す
#出版する　#賛否を問う　#公にする

POD 最低10回は音読しましょう

● 最初の10回(これだけでもOK)　　　● 勢いがついたらあと10回

1	2	3	4	5	6	7	8	9	10	11	12	13	14	15	16	17	18	19	20

● まだいけそうならプラス10回　　　● 最強になれるトータル40回

21	22	23	24	25	26	27	28	29	30	31	32	33	34	35	36	37	38	39	40

Step 2　サイト・トランスレーション(一語認識トレーニング)

- You should ────── 君は〜すべきだ
- get your thoughts and ideas ── 思いや考えを
- out there, ────── 世に問う
- and see ────── そして見る
- how the people will respond. ── 人々がどう反応するのか

Step 3　リード&ルックアップ

You should get your thoughts and ideas out there, and see how the people will respond.

Check!

thoughts and ideas　思いと考え
how the people will respond　(世の)人々がどのように反応するか

~で、それは問題ですよね

32 , which has been an issue

🔊 Track | **41**

Step **1** リード

> , which has been an issue, and what I think we can do is to find resources somewhere outside our company.
>
> （相手の発言を遮って）で、それは問題ですよね、そして私たちにできると思われるのは社外でリソースを見つけてくることです。

　相手が話しているところにカットインし、瞬時に話を切り返すのに非常に便利な , which ですが、ここでは対応すべき問題を指摘し、その上でこちらからその問題を解決する方法を提示する流れを練習したいと思います。

▼ **この表現がカバーする意味**

#~で、それは問題ですよね　#そこが課題ですよね

Step 2 サイト・トランスレーション（一語認識トレーニング）

- , which has been an issue, ———— それは問題ですよね
- and what I think we can do is ———— そして私たちにできる
と思われるのは
- to find resources ———— リソースを見つけてく
ること
- somewhere outside our company. ———— 社外のどこかで

Step 3 リード＆ルックアップ

, which has been an issue, and what I think we can do is to find resources somewhere outside our company.

Check!

what I think we can do	私たちにできると思われること
somewhere outside our company	社外のどこかで

それはまずいと思うんです

, which I don't think is a good idea

Step 1 リード

> **, which I don't think is a good idea** because it doesn't **reflect the data we have.**
>
> （相手の発言を遮って）で、それはまずいと思うんです、というのもそれはこちらの手持ちのデータを反映してはいないので。

　ビジネスミーティングの場でディスカッションをする際に、ときには相手と異なる意見を伝える必要も出てきます。日本人のメンタリティとして意見の衝突は避けたいと思うものですが、ここでは「会話の流れの中で、サラっと切り返しつつこちらの意見を伝える」練習をしておきましょう。

　発話すべき「その一瞬」を逃がさないための練習でもあります。

▼ **この表現がカバーする意味** ·······················

#それはまずいと思います　　#ちょっとそれはまずいんじゃ…　　#いや、それはよくないので…

最低10回は音読しましょう

● 最初の10回(これだけでもOK)　　　● 勢いがついたらあと10回

| 1 | 2 | 3 | 4 | 5 | 6 | 7 | 8 | 9 | 10 | 11 | 12 | 13 | 14 | 15 | 16 | 17 | 18 | 19 | 20 |

● まだいけそうならプラス10回　　　● 最強になれるトータル40回

| 21 | 22 | 23 | 24 | 25 | 26 | 27 | 28 | 29 | 30 | 31 | 32 | 33 | 34 | 35 | 36 | 37 | 38 | 39 | 40 |

Step 2　サイト・トランスレーション(一語認識トレーニング)

- , which I don't think is a good idea　で、それはまずいと思うんです
- because it doesn't reflect　というのも、それは反映していないから
- the data we have.　私たちが持っているデータを

Step 3　リード＆ルックアップ

, which I don't think is a good idea because it doesn't reflect the data we have.

Check!

the data we have　私たちが持っているデータ

103

34

間違っているかもしれませんが

Correct me if I'm wrong, but 〜

🔊 Track | **43**

> **Correct me if I'm wrong, but** this product isn't matching up to the customers' expectations.
>
> 間違っているかもしれませんが、この製品は顧客の期待に応えてはいないです。

　日本の文化的な背景のせいで、私たちはともすれば「直接的に意見を言うことが苦手」な傾向にあるかもしれません。ましてそれを英語で行うとなれば、そのハードルはさらに上がってしまいます。そんなときにはまるで日本語で話しているような感覚で、控えめな言い方を英語でもできるようになれば良いのです！ Correct me if I'm wrong, but 〜（直訳は、「間違っていたら直してください」）という枕詞を口癖にしておくと、常に謙虚な話し方ができるので、発言することのハードルを大幅に下げることが可能です。

▼ **この表現がカバーする意味**

#わかんないですけど　#間違っているかもしれませんが　#記憶が確かならば

POD 最低10回は音読しましょう

● 最初の10回(これだけでもOK)

| 1 | 2 | 3 | 4 | 5 | 6 | 7 | 8 | 9 | 10 |

● 勢いがついたらあと10回

| 11 | 12 | 13 | 14 | 15 | 16 | 17 | 18 | 19 | 20 |

● まだいけそうならプラス10回

| 21 | 22 | 23 | 24 | 25 | 26 | 27 | 28 | 29 | 30 |

● 最強になれるトータル40回

| 31 | 32 | 33 | 34 | 35 | 36 | 37 | 38 | 39 | 40 |

Step 2　サイト・トランスレーション（一語認識トレーニング）

- Correct me —————————— 訂正してください
- if I'm wrong, but —————— もし私が間違っていたら
- this product isn't matching —— この製品は応えていない
- up to ————————————— ～に
- the customers' expectations. —— 顧客の期待

Step 3　リード＆ルックアップ

Correct me if I'm wrong, but this product isn't matching up to the customers' expectations.

Check!

match up to ～　（期待などに）かなう

▌体に刻み込みたい一文を求めて
皆さんはどのような目的で英文を読みますか？

「情報を得る」
「ボキャブラリーを増やす」
「資格試験に合格する」

など、いろいろあるかと思います。

　私が実践したのは、毎日、**自分が心から使えるようにしたいと思えるたった一つの英文に出会う**ことです。

　一日1文だから、50回〜100回という回数もたった5〜10分ほどでできてしまいます。1文を完全にマスターした！という達成感はさらなる意欲を生み、次の1文を見つけるためにもっと英文を読みたいと思うようになります。

　以下は、私の当時の「表現コレクションノート」の中で、特に多く練習したものの一部です。振り返ると、ある程度の文構造の複雑性と議論、討論、通訳での実用性、そして使い回せる文法パーツが組み合わさったものを選んでいたようです。

Pointing to those who claim they are not hurt does not erase the pain of those who claim they are.
傷ついていないと言う人々だけに注目したところで、傷ついている人たちの痛みが消えることはない。

Don't confuse being in a hurry and pressured to get a project done with being confident that you've done the best you could do.
プロジェクトをこなすために必死で焦っている状態と、ベストを尽くしてやり切った自信がある状態を同一視してはならない。

Why don't you take some time to consider how not performing properly will reflect much more poorly on you than turning down the job offer will.

きちんとやり遂げられないことの方が、その仕事の依頼を（初めから）断るよりも、ずっと自分の評判を落としてしまうことをちょっとは考えたらどうだ？

　上記の例文を当時の私は実用性ありと判断し、気に入ってしまったので、何日かかけてトータルでは1000回ほど読んでいたようです。

　といっても一日当たりに換算すれば、一回を10秒として、一日あたり100回読んだとしても1000秒強、すなわち一日たったの17分ほどだったのです。

　この習慣を始めた翌日から私の会話と通訳における発話内容の自由度、表現力、そして自信は向上し始めました。

35 I do recognize every one of them, but 〜

🔊 Track | 44

Step 1　リード

> **I do recognize every one of them, but** I'm hopeless at remembering their names!
> 一人ひとり顔はわかるんだけど、名前と全然一致しないんだ！

「名前と顔が一致しない」という表現は非常に多用されながら、いざ英語にしようとすると瞬時には言えないものです。ここで「知っているのにあまり使えていない」動詞の典型、recognize の出番です！

「名前と顔が一致しない」とは「顔（見た目）は認識できるが、その名前を思い出せない」と言い換えることができます。そしてこの英語表現は、現実に日本語の「名前と顔が一致しない」とほぼ同じ文脈で多用されています。

それゆえに日本語と互換性があり、まるで日本語を使っているかのように英語で口に出すことが可能になります。

▼ この表現がカバーする意味

#名前と顔が一致しない　#全然一致しないんだ　#思い出せない

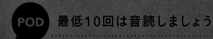

POD 最低10回は音読しましょう

● 最初の10回（これだけでもOK）　　● 勢いがついたらあと10回

1	2	3	4	5	6	7	8	9	10	11	12	13	14	15	16	17	18	19	20

● まだいけそうならプラス10回　　● 最強になれるトータル40回

21	22	23	24	25	26	27	28	29	30	31	32	33	34	35	36	37	38	39	40

Step 2 サイト・トランスレーション（一語認識トレーニング）

- I do recognize ————————————— 確かにわかる
- every one of them, ————————— 彼ら一人ひとりのことは
- but I'm hopeless at remembering でも全く思い出せない
- their names! ————————————— 彼らの名前が

Step 3 リード＆ルックアップ

　I do recognize every one of them, but I'm hopeless at remembering their names!

Check!

I do 動詞の原形 （やっていることを強調して）〜は確かにしているけど

every one of 〜 s 　〜の一人ひとり、〜の一つひとつ

be hopeless at 〜 ing 　〜することがからきしダメだ・全然できない

36 What's done is done

Step 1 リード

What's done is done, and we should focus on what we can do to improve the situation.

起こったことはしかたがない、状況を好転させるために我々ができることに集中しよう。

　私生活でもビジネスでもすべてが完璧に進むことはなく、やってしまった失敗や起こってしまった問題に対して、いつまでもくよくよ悩んでいては前に進むこともできません。

「起こってしまったことはしかたがない」「やってしまったことを悔いてもしかたがない」という感情は、もちろん英語の世界でも存在し、それに対応する表現があります。

　What's done is done は直訳すると「行われたことは行われたこと」となり、転じて「起こったことはしかたがない」「やってしまったことはしかたがない」という日本語と完全な互換性があります。

　また、この表現は歌や映画、ドラマなどでもよく使われるので、知っていると出会う場面も多くなるでしょう。

▼ **この表現がカバーする意味**

#起こったことはしかたがない　　#やってしまったことを悔いてもしかたがない

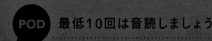

POD 最低10回は音読しましょう

● 最初の10回(これだけでもOK)　　　　● 勢いがついたらあと10回

1	2	3	4	5	6	7	8	9	10	11	12	13	14	15	16	17	18	19	20

● まだいけそうならプラス10回　　　　　● 最強になれるトータル40回

21	22	23	24	25	26	27	28	29	30	31	32	33	34	35	36	37	38	39	40

Step 2 サイト・トランスレーション(一語認識トレーニング)

- **What's done is done,** ───── 起こったことはしかたがない
- **and we should focus on** ───── だから集中すべきだ
- **what we can do** ───── 我々ができることに
- **to improve the situation.** ───── 状況を好転させるために

Step 3 リード&ルックアップ

What's done is done, and we should focus on what we can do to improve the situation.

Check!

focus on ～　～に集中する

what we can do　我々ができること

improve ～　～を改善する、向上させる

37 (it's) not my style

🔊 Track | **46**

Step **1** リード

> I mean, it's not my style and, you should do it on your own if you really want to do it that way.
>
> っていうか、こういうやり方はちょっと自分には無理だし、本当にその方法でやりたいと思うなら自分一人でやってもらえないかな？

　プライベート、ビジネスを問わず相手の要求や依頼に対して、

「それはちょっと（無理です）」

「（このようなやり方は）私には無理です」

　と断るときに、I don't want to do that. やI don't like to do that. のような言い方をすると角が立ってしまいます。

　この「これは受け入れられない」「あまり好きじゃない」という意思を確実に伝えながら、しかもやんわり断る場合にこのstyleという単語は非常に便利です。

▼ この表現がカバーする意味

#流儀　#流派　#やり方　#考え方　#ものの見方　#方法論　#感性
#生き方　#（好みとしての）趣味

Step 2　サイト・トランスレーション（一語認識トレーニング）

- I mean,　　　　　　　　　　　っていうか
- it's not my style　　　　　　　私には無理です
- and, you should do it　　　　　そして、君がやるべき
- on your own　　　　　　　　　自分自身で
- if you really want to do it　　　本当にやりたいなら
- that way.　　　　　　　　　　その方法で

Step 3　リード＆ルックアップ

　I mean, it's not my style and, you should do it on your own if you really want to do it that way.

Check!

I mean,	っていうか、
do it on your own	自分自身でやる、自分一人でやる
that way	そのようなやり方で

38 That being said,

Step 1 リード

I have to speak English better and faster for work.
That being said, I'm trying to figure out how to make it happen.

仕事でもっと上手く流暢に英語を話さないといけないんだ。というわけで、どうやったらそれが実現できるか思案しているんだ。

　日常会話だけでなく、会社でのプレゼン、会議などでの話題のスムーズな転換に非常に重宝する表現です。

　この表現はWith that being said, の略で、先に発言したことを踏まえて次の話題に入るときに多用されます。もともとは「そうは言っても」のように、先に述べたこととは対照的な意見や考えを話す場合に使われましたが、実際の会話では、「というわけで」のように順接の形でも多用されます。

▼ この表現がカバーする意味

#それはそうだが　#ということで　#そうは言っても　#それはそれとして　#というわけで

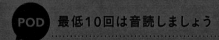

POD 最低10回は音読しましょう

● 最初の10回(これだけでもOK)　　　● 勢いがついたらあと10回

| 1 | 2 | 3 | 4 | 5 | 6 | 7 | 8 | 9 | 10 | 11 | 12 | 13 | 14 | 15 | 16 | 17 | 18 | 19 | 20 |

● まだいけそうならプラス10回　　　● 最強になれるトータル40回

| 21 | 22 | 23 | 24 | 25 | 26 | 27 | 28 | 29 | 30 | 31 | 32 | 33 | 34 | 35 | 36 | 37 | 38 | 39 | 40 |

Step 2　サイト・トランスレーション(一語認識トレーニング)

- I have to speak English ──── 英語を話さなくちゃいけない
- better and faster ──── もっと上手く流暢に
- for work. ──── 仕事で
- That being said, ──── というわけで
- I'm trying to ──── 〜しているところだ
- figure out ──── 答えを見つける
- how to make it happen. ──── それを実現する方法

Step 3　リード&ルックアップ

I have to speak English better and faster for work. That being said, I'm trying to figure out how to make it happen.

Check!

| figure out | (試行錯誤で)解き明かす、答えを見つける |
| how to make it happen | それを現実化する方法 |

意地を見せる

39 hold my own

Step 1　リード

> I took the TOEIC test the other day and the score wasn't as great as I thought, but I think I held my own despite my early errors.
>
> この前TOEICを受験したけど、思ったほどのスコアはとれなかった。でも序盤にミスをした割にはよくやった方だと思う。

「意地を見せる」「引けを取らない」「善戦する」のような日本語を英語化しようとすると、almost as good（ほぼ同じくらい良い）のような表現もありますが、ここではhold 〜's own という日常生活で非常によく使われ、使いまわしのきく表現を習得しましょう。直訳は「自分自身を支える」「自分の力で自分を制することができる」のような、違和感のある日本語になり、日本語⇒英語の直訳ではまず思いつかない表現の典型です。スポーツ、ビジネス、試験などの勝負の結果を語る際には特に必出で、「負け惜しみ」を言うときにも「意地は見せた」のような感じでよく使われます。

▼ この表現がカバーする意味

#意地を見せる #引けを取らない #善戦する #いいところを見せる #よくやった
#持ちこたえている #屈しない #自分なりに頑張る #存在感を見せる

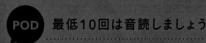

POD 最低10回は音読しましょう

● 最初の10回(これだけでもOK)　　● 勢いがついたらあと10回

| 1 | 2 | 3 | 4 | 5 | 6 | 7 | 8 | 9 | 10 | 11 | 12 | 13 | 14 | 15 | 16 | 17 | 18 | 19 | 20 |

● まだいけそうならプラス10回　　● 最強になれるトータル40回

| 21 | 22 | 23 | 24 | 25 | 26 | 27 | 28 | 29 | 30 | 31 | 32 | 33 | 34 | 35 | 36 | 37 | 38 | 39 | 40 |

Step 2 サイト・トランスレーション(一語認識トレーニング)

- I took the TOEIC test ········· TOEIC を受験した
- the other day ············ 先日
- and the score wasn't as great as I thought,

　　　　そして思ったほどスコアは良く
　　　　はなかった

- but I think ············ でも思う
- I held my own ············ 意地を見せたと
- despite my early errors. 序盤のミスにかかわらず

Step 3 リード&ルックアップ

　I took the TOEIC test the other day and the score wasn't as great
as I thought, but I think I held my own despite my early errors.

Check!

the other day　　先日

～ wasn't as great as I thought　　～は思ったほどよくはなかった

despite ～　　～にもかかわらず

117

40 hold back

Step 1　リード

> **I know you're just holding back.** Why don't you unleash yourself and get your works out there?
> なに実力隠してるんだよ。実力を出し切って、自分の仕事を世に問えばいいじゃん！

　日本語でのカジュアルな会話で多用され、楽しい雰囲気を盛り上げる「（またまた！）猫かぶって！」（本性を隠す）や「カマトトぶる」（本性を隠してぶりっこしたり、上品ぶる）などの表現は、英語に直訳しても通じないものです。そこでhold backというシンプルな表現の出番です。

▼ **この表現がカバーする意味**

#猫をかぶる #謙遜しすぎ #本気を出していない #カマトトぶる #本性を隠している
#実力を隠している #ぶりっこしている #ためらう #遠慮する #手加減する #容赦する
#気後れする

● 最初の10回(これだけでもOK)　　　　● 勢いがついたらあと10回

1	2	3	4	5	6	7	8	9	10	11	12	13	14	15	16	17	18	19	20

● まだいけそうならプラス10回　　　　　● 最強になれるトータル40回

21	22	23	24	25	26	27	28	29	30	31	32	33	34	35	36	37	38	39	40

Step 2　サイト・トランスレーション(一語認識トレーニング)

- I know ……………………………… 私はわかっている
- you're just holding back. ……… あなたが実力を隠していることを
- Why don't you ………………… ～してみたら
- unleash yourself ……………… 自分を解放して
- and get your works out there? …… 自分の仕事を世に問う

Step 3　リード&ルックアップ

I know you're just holding back. Why don't you unleash yourself and get your works out there?

Check!

unleash yourself　自分(の実力など)を解放する、解き放つ

get ～ 's works out there　～の仕事を世に問う

119

で、もう一つはね…

41 And, another thing is 〜

🔊 Track | **50**

Step 1 リード

> You take life way too seriously. And, another thing is
> you care about random strangers' opinions way too
> much.
> お前は生真面目すぎるんだよ。もう一つ、お前は赤の他人の意見を大事にしすぎるんだよ。

　英語で話しているときに、「言いたいことはいろいろあるのに、どう話し始めたらいいかわからない」という悩みをこれまでたくさん聞いてきました。

　そんな悩みへの手っ取り早い答えとなるのが、(And,) another thing is 〜という表現です。

　話の前後の内容に脈絡があろうとなかろうと、伝えたい内容を新たに思いついたら、(And,) another thing is 〜と言えば、「で、もう一つはね」という日本語と全く同じノリとニュアンスで使うことができます。

▼ この表現がカバーする意味

#で、もう一つは…　#それとね…　#さらに言うと…

POD 最低10回は音読しましょう

● 最初の10回(これだけでもOK)　● 勢いがついたらあと10回

| 1 | 2 | 3 | 4 | 5 | 6 | 7 | 8 | 9 | 10 | 11 | 12 | 13 | 14 | 15 | 16 | 17 | 18 | 19 | 20 |

● まだいけそうならプラス10回　● 最強になれるトータル40回

| 21 | 22 | 23 | 24 | 25 | 26 | 27 | 28 | 29 | 30 | 31 | 32 | 33 | 34 | 35 | 36 | 37 | 38 | 39 | 40 |

Step 2　サイト・トランスレーション(一語認識トレーニング)

- You take life way too seriously. ——— 君は生真面目すぎる
- And, another thing is ——— で、もう一つはね
- you care about ——— ～を大事にする
- random strangers' opinions ——— 赤の他人の意見を
- way too much. ——— あまりにも

Step 3　リード&ルックアップ

You take life way too seriously. And, another thing is you care about random strangers' opinions way too much.

Check!

take life seriously	生真面目だ
care about ～	～を大切にする、思う
random strangers	赤の他人

甲乙つけがたい

42 as good as each other

Step 1　リード

All these dishes are as good as each other, and each of them is very different in a good way!

料理の一つひとつが甲乙つけがたいし、それぞれに特徴があって素晴らしいですね！

「甲乙つけがたい」、この表現は、プライベート、ビジネスのどちらでも非常によく使われます。特に、会社の会議などの意思決定の場や、いくつもある選択肢の中から決定を下すプロセスにおいて、何度となく使われることになります。また、スポーツの試合、芸術鑑賞などありとあらゆる「比較、競争の場」において「それぞれ素晴らしく（良さがあり）どれがベストかを決めかねる」状況で、反射的に口から出る表現だといえます。ここで日本語が母語の私たちには理解はできるけど、意外なほど使えていない「as 〜 as」の構文の出番です！

▼ **この表現がカバーする意味**

#甲乙つけがたい　　#どれも素晴らしくどれがベストか決めかねる

POD 最低10回は音読しましょう

● 最初の**10回**（これだけでもOK）　　　　　● 勢いがついたらあと**10回**

| 1 | 2 | 3 | 4 | 5 | 6 | 7 | 8 | 9 | 10 | 11 | 12 | 13 | 14 | 15 | 16 | 17 | 18 | 19 | 20 |

● まだいけそうなら**プラス10回**　　　　　● 最強になれる**トータル40回**

| 21 | 22 | 23 | 24 | 25 | 26 | 27 | 28 | 29 | 30 | 31 | 32 | 33 | 34 | 35 | 36 | 37 | 38 | 39 | 40 |

Step 2 サイト・トランスレーション（一語認識トレーニング）

- **All these dishes are** ──────── これらの料理すべて
- **as good as each other,** ──────── 甲乙つけがたい
- **and each of them is** ──────── そしてそれぞれが
- **very different in a good way!** ──── 特徴があって素晴らしい

Step 3 リード＆ルックアップ

　All these dishes are as good as each other, and each of them is very different in a good way!

Check!

| **each of them is** それぞれ（一つひとつ、一人ひとり）が〜だ |
| **different** 特徴（個性）がある |
| **in a good way** いい意味で |

要は〜

43 the thing is 〜

Step 1   リード

> **I know what you mean, but the thing is this project is not being carried out the way we expected.**
>
> おっしゃっていることはわかるのですが、気になるのは当社の期待とは違った形で当プロジェクトが遂行されていることなのです。

　とても便利な前置き表現です。仕事の場でどれくらい頻繁に使われているかを思い出してみると、この表現を英語で言えるようにしておくことがどれほど役に立つかがイメージできると思います。

　「要するに〜ですよね？」や「気になっていることは〜なんです」という意味で使われますが、現実の会話では「これから話す内容を聞いてくださいね」という相手の注意を引くための「枕詞」としての役割も果たしています。

▼ この表現がカバーする意味

#要は〜 #要するに〜ですよね？ #気になっていることは〜なんです
#これから話す内容を聞いてください

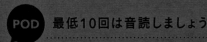

POD 最低10回は音読しましょう

● 最初の10回（これだけでもOK）　　　● 勢いがついたらあと10回

| 1 | 2 | 3 | 4 | 5 | 6 | 7 | 8 | 9 | 10 | 11 | 12 | 13 | 14 | 15 | 16 | 17 | 18 | 19 | 20 |

● まだいけそうならプラス10回　　　● 最強になれるトータル40回

| 21 | 22 | 23 | 24 | 25 | 26 | 27 | 28 | 29 | 30 | 31 | 32 | 33 | 34 | 35 | 36 | 37 | 38 | 39 | 40 |

Step 2 サイト・トランスレーション（一語認識トレーニング）

■ I know what you mean,　　　おっしゃっていることはわかります

■ but the thing is　　　でも気になっているのは

■ this project is not being carried out
　　　プロジェクトが遂行されていないこと

■ the way we expected.　　　我々が期待する形で

Step 3 リード＆ルックアップ

I know what you mean, but the thing is this project is not being carried out the way we expected.

Check!

I know what you mean　言っていることはわかる

carry out　遂行する

the way we expect　我々（当社）が期待する形で

125

44 depend on ～

Step 1 リード

> **Whether our project will be greater than our competitors' depends on how we recognize where our creativity comes in.**
>
> 当社のプロジェクトが競合他社より良いものとなるかどうかは、当社が創造性を発揮できる部分をどのように見つけるかにかかっている。

「～によります」「～次第です」という表現が、日常生活、ビジネスに関係なく高頻度で使用されていることは感覚的にわかるかと思います。だからこそ、英語で決まったパターンを使いまわして同じ内容を同じ頻度で言えるようにしておくことが不可欠になります。

　応用力を高めるコツは、とにかく汎用性の高い組み合わせから声に出して練習することです。

▼ **この表現がカバーする意味**

`#～による` `#～次第です`

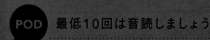
Step 2　サイト・トランスレーション（一語認識トレーニング）

- **Whether our project will be greater**
  当社のプロジェクトがより
  良いものとなるかどうか
- **than our competitors'**　競合他社のものより
- **depends on**　〜による
- **how we recognize**　どのように認識するか
- **where our creativity comes in.**　当社の創造性の出番

Step 3　リード＆ルックアップ

　Whether our project will be greater than our competitors'
depends on how we recognize where our creativity comes in.

Check!

| competitor | 競合他社／相手 |
| creativity | 創造性 |

うれしい悲鳴ではあるんだけど

45 It's a positive problem though.

🔊 Track | **54**

> **Our storehouses are such a mess since we had to haul all the ordered products here from our suppliers. It's a positive problem though.**
>
> サプライヤーから受注された製品を全部搬入しないといけなかったから、会社の倉庫がごった返してる。うれしい悲鳴ではあるんだけど。

　例えば、自社製品への注文が多く入りすぎて製造ラインでは対応しきれなくなってしまったり、フリーランスで働いているのであれば、依頼案件が多すぎて過労状態になってキャパシティを超えてしまう…そんな状況で無意識に発する表現が「うれしい悲鳴」や「痛しかゆし」です。

　これらの日本語表現を直訳することは難しいですが、「良いことが度を超えてしまっている」「良いことが悪いことも引き起こしてしまっている」と解釈すると、a positive problem という表現がしっくりきます。

▼ この表現がカバーする意味

#うれしい悲鳴ではあるんだけど　#痛しかゆし

Step 2　サイト・トランスレーション（一語認識トレーニング）

- **Our storehouses are such a mess** ── 倉庫がごった返してる
- **since we had to haul** ── 運ばないといけなかったから
- **all the ordered products here** ── 注文を受けたここのすべての商品を
- **from our suppliers.** ── サプライヤーから
- **It's a positive problem though.** ── うれしい悲鳴ではあるんだけど

Step 3　リード＆ルックアップ

　Our storehouses are such a mess since we had to haul all the ordered products here from our suppliers. It's a positive problem though.

Check!

a mess　混乱、ゴタゴタ、乱雑さ
〜 though　〜ではあるけど

職場のしがらみ

46 there's so much office politics

🔊 Track | **55**

I love my job, but I truly dislike most of the people in the office. I mean, there's so much office politics, drama, gossiping that I get more done not being around them.

仕事は大好きなんだけど、オフィスにいる奴らのほとんどが嫌い。っていうか、職場でのしがらみ、修羅場、ゴシップが多すぎて、あいつらがいない方がよっぽど仕事もはかどるんだ。

　ビジネスにおいて、職場（オフィス）での人間関係のもつれから起こるトラブルは避けられないものとも言えます。こんな現実について話すときに知っておきたいのが、office politics という表現です。直訳すると、「社内の政治的駆け引き」となり、ポジティブな文脈よりは、ネガティブな文脈で使われることが圧倒的に多く、その点でも「職場のしがらみ（人間関係）」という日本語とニュアンスが似ています。またこの～politics という表現は職場に限らず、例えば家族や親戚の間でのトラブル、いわゆる「お家騒動」には family politics という表現も実際に使われているので知っておいて損はないでしょう。

▼ この表現がカバーする意味

#職場のしがらみ #人間関係 #お家騒動

Step 2 サイト・トランスレーション（一語認識トレーニング）

■ I love my job,　　　　　　　　　　　私は仕事が大好き
■ but I truly dislike　　　　　　　　　でも〜は本当に嫌い
■ most of the people in the office.　オフィスの中のほとんどの人
■ I mean,　　　　　　　　　　　　　　というか
■ there's so much office politics, drama, gossiping

　　　　　　　　　　　　　　　　　　　職場のしがらみ、修羅場、
　　　　　　　　　　　　　　　　　　　ゴシップが多すぎる
■ that I get more done　　　　　　　もっと仕事がはかどる
■ not being around them.　　　　　　彼らが周囲にいないとき

Step 3 リード＆ルックアップ

　I love my job, but I truly dislike most of the people in the office.
I mean, there's so much office politics, drama, gossiping that I get
more done not being around them.

Check!

drama　修羅場

get 〜 done　〜（仕事やタスクなど）を片付ける

not being around them　彼らと一緒にいないときに

131

心を鬼にして

47 have ～'s best interest at heart

🔊 Track | **56**

Step 1 リード

> I'm sure it was tough for him, but I can tell you have his best interest at heart. He's very blessed to have you.
>
> 彼にはつらかっただろうけど、それも彼のためを思ってのことだったよね。彼はいい上司を持ったと思うよ。

「心を鬼にして」という表現は「無意識のうちに多用しながらも、直訳しても意味が通じにくい」表現の典型ですね。「鬼」を devil や ogre、という風に直訳を知っていてもどうにもならないことは明白です。

　また、この表現は上司から部下へ、親から子どもへ、などのいわゆる上下関係の中で、「相手のことを考えて、可哀そうだと思う気持ちをあえて抑えて厳しくふるまう」ことを表しています。

▼ **この表現がカバーする意味**

#心を鬼にして　#～にとって最善となるように　#本気で～のためを思って　#良かれと思って
#心底～のためを思って　#すべては～のために

POD 最低10回は音読しましょう

● 最初の10回 (これだけでもOK)

1	2	3	4	5	6	7	8	9	10

● 勢いがついたらあと10回

11	12	13	14	15	16	17	18	19	20

● まだいけそうならプラス10回

21	22	23	24	25	26	27	28	29	30

● 最強になれるトータル40回

31	32	33	34	35	36	37	38	39	40

Step 2　サイト・トランスレーション（一語認識トレーニング）

- I'm sure　　　　　きっと〜だと思う
- it was tough for him,　　　それは彼にとってつらかった
- but I can tell　　　でも私は〜だとわかる
- you have his best interest at heart.

　　　　　　　君が彼のためを思ってした
　　　　　　　こと

- He's very blessed to　　　彼はとても恵まれている
- have you.　　　あなたがいて

Step 3　リード＆ルックアップ

　I'm sure it was tough for him, but I can tell you have his best interest at heart.

　He's very blessed to have you.

Check!

I'm sure (that) 〜　きっと〜だと思う

it was tough for 〜　〜にとってはつらかった

I can tell 〜　〜だとわかる

be very blessed to 〜　〜できるほど恵まれている

48

私はまだまだです

it should be better than it is

🔊 Track | **57**

> How did you become so fluent in English living only in Japan?
> -I had to be creative to use English every day, it should be better than it is though.
>
> 日本にいながらどうやってそこまで英語が流暢になったんですか？
> ―毎日英語を使うために工夫が必要でした…私（の英語）はまだまだですが。

　日本人であれば、褒められるとつい口に出してしまう「私はまだまだです」という謙遜の一言。I have a long way to go. やI have a lot to learn. のような表現を思いつくかもしれませんが、ここでは比較構文で新しい感覚をつかんでおきましょう。また、英会話のクラスなどでよく「ポジティブ思考でミスを恐れずどんどん話せ」などのアドバイスがされていますが、「本来の謙虚さ」を英語で言えた方が、自分らしく英語を話すことができます。実際はこのような謙虚なフレーズを使う英語のネイティブスピーカーも多いのです。

　まずは英語的発想のコアである究極の無生物主語Itの使用に慣れるために、It should be better than it is. を使うことから始めてみましょう。

▼ この表現がカバーする意味

#まだまだです　#謙遜

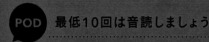

POD 最低10回は音読しましょう

● 最初の10回(これだけでもOK)　　● 勢いがついたらあと10回

| 1 | 2 | 3 | 4 | 5 | 6 | 7 | 8 | 9 | 10 | 11 | 12 | 13 | 14 | 15 | 16 | 17 | 18 | 19 | 20 |

● まだいけそうならプラス10回　　● 最強になれるトータル40回

| 21 | 22 | 23 | 24 | 25 | 26 | 27 | 28 | 29 | 30 | 31 | 32 | 33 | 34 | 35 | 36 | 37 | 38 | 39 | 40 |

Step 2 サイト・トランスレーション（一語認識トレーニング）

- How did you become — どうやって〜になったんですか？
- so fluent in English — そんなに英語が流暢に
- living only in Japan? — 日本だけに住みながら
- -I had to be creative — 工夫しなければいけなかった
- to use English every day, — 毎日英語を使う
- it should be better than it is though.

　　　　　　　　　私（の英語）はまだまだですが

Step 3 リード＆ルックアップ

How did you become so fluent in English living only in Japan?
-I had to be creative to use English every day, it should be better
 than it is though.

Check!

be creative　工夫する（創造的になる）

49 in the first place

Step 1 リード

> **You should stop thinking too much. You don't want to create a problem that wasn't there in the first place.**
> 考えすぎちゃだめだよ。もともとなかったはずの問題を作り出してしまうから。

「そもそも」「もともと」は、無意識によく口に出している表現の典型でありながら、英語での直訳は存在しないので、ここでも実際の内容を英語にして瞬時に口に出せるようにしておきたいですね。in the first placeは直訳すると、「初めから、まず第一に、最初に」という意味で、転じて「そもそも」「もともと」の意味で使うことが可能です。使用される文脈や頻度も日本語の「そもそも」「もともと」と同じ感覚です。いったん覚えてしまえば、これらの日本語と簡単に置き換えるだけで良いので、非常に便利で使いやすいです。

▼ この表現がカバーする意味

#そもそも #もともと #初めから #まず第一に #最初に

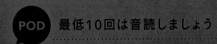

POD 最低10回は音読しましょう

● 最初の10回(これだけでもOK)　　　● 勢いがついたらあと10回

| 1 | 2 | 3 | 4 | 5 | 6 | 7 | 8 | 9 | 10 | 11 | 12 | 13 | 14 | 15 | 16 | 17 | 18 | 19 | 20 |

● まだいけそうならプラス10回　　　● 最強になれるトータル40回

| 21 | 22 | 23 | 24 | 25 | 26 | 27 | 28 | 29 | 30 | 31 | 32 | 33 | 34 | 35 | 36 | 37 | 38 | 39 | 40 |

Step 2　サイト・トランスレーション(一語認識トレーニング)

- You should stop ──────── やめた方がいい
- thinking too much. ──────── 考えすぎるのを
- You don't want to create a problem ── 問題を作り出さない方がいい
- that wasn't there ──────── 存在していなかった
- in the first place. ──────── もともと

Step 3　リード&ルックアップ

You should stop thinking too much.

You don't want to create a problem that wasn't there in the first place.

Check!

| think too much | 思いつめる |
| create a problem | 問題を作り出す |

ブレない

50 stay unaffected／go unaffected

🔊 Track | **59**

Step 1 リード

> **The service of our company should go unaffected, that's why we should stay focused on what the target customers want the most and providing it.**
>
> わが社のサービスがブレることがあってはならないし、だからこそ我々は対象となる顧客層が最も求めているものと、それらを供給することを念頭に置く必要があるのです。

「ブレる」という言葉の本来の意味は、「定まった位置から動いてそれること」ですが、転じて現在では「信念、態度、考え方、方針などがあれこれと揺れ動く」という意味で、ビジネス、プライベートを問わず頻繁に使われるようになりました。しかしながら、同じことを英語で言おうとすると意外に言えない、という事態も実際によくあるので英語で言えるようにしておきましょう。ここでunaffected（影響を受けない、病気にかからない、心を動かされない）という単語の出番です。

▼ この表現がカバーする意味

#ブレない #軸は変わらない #方針はそのままだ

Step 2 サイト・トランスレーション（一語認識トレーニング）

- **The service of our company** ……… わが社のサービスは
- **should go unaffected,** ……… ブレないことが大事
- **that's why we should stay focused on**

  だからこそ〜を念頭に置くべき

- **what the target customers want the most**

  対象となる顧客が最も求めるもの

- **and providing it.** ……… そしてそれを供給すること

Step 3 リード＆ルックアップ

The service of our company should go unaffected, that's why we should stay focused on what the target customers want the most and providing it.

Check!

stay focused on 〜　〜を念頭に置く、〜に焦点を絞る

target customers　対象の顧客

〜って書いてある

51 It says (that) 〜

🔊 Track | **60**

Step 1 リード

> **It says that** we can't go this way, but **this website says** we should keep going. I'd better ask somebody who lives around here about what's going on.
>
> (道路の標識は) 通行止めって書いてあるけど、このサイトには進めって書いてある。このあたりに住んでいる人に状況を聞くしかなさそうだな。

　直訳すると「それが〜と言っている」となり、違和感のある日本語になるのが英語的な発想の存在のサインだと考えます。

　もちろん主語はIt以外に、The book(本) やThe article(記事) やThe sign(標識) などいろいろ使うことができますが、実際の会話では面倒なので主語はItが最頻出になります。日本語で主語を省き「〜って書いてある」とだけ言う場合が多いように、英語の会話ではItが主語になることが圧倒的に多いことを知っておきましょう。

　「主語がないときはItを使う」と覚えておくと発話の瞬発力は一気に向上します。

▼ **この表現がカバーする意味**

#〜って書いてある #標識

🐦 最初の**10**回（これだけでもOK）　　🐦 勢いがついたらあと**10**回

1	2	3	4	5	6	7	8	9	10	11	12	13	14	15	16	17	18	19	20

🐦 まだいけそうならプラス**10**回　　🐦 最強になれるトータル**40**回

21	22	23	24	25	26	27	28	29	30	31	32	33	34	35	36	37	38	39	40

Step 2　サイト・トランスレーション（一語認識トレーニング）

- **It says that** ——— 〜って書いてある
- **we can't go this way,** ——— この道を進むことができない
- **but this website says** ——— でもこのサイトに書いてある
- **we should keep going.** ——— 進み続けるべきだ
- **I'd better ask** ——— 聞いた方がいい
- **somebody who lives around here**
  ——— だれかこの辺りに住む人に
- **about what's going on.** ——— 何が起こっているのか

Step 3　リード＆ルックアップ

It says that we can't go this way, but this website says we should keep going. I'd better ask somebody who lives around here about what's going on.

Check!

keep going　進み続ける、やり続ける

what's going on　（状況などが）どうなっているか

COLUMN 5

▎通訳キャリアにおける "発音練習" の大切さ

　同時通訳者として稼働していると、あることに気づかされます。

　それは通訳者によって話す英語のタイプやアクセントの違いはあるものの、私も含めて彼らが共通して目指しているのは==明瞭で聞き取りやすい==発音だということです。

　通訳をする場合の英語の発音の考え方として、聞き手にとって==クリアでわかりやすい==ことは大前提となります。

　しかし、そこからさらに練習して発音を向上させることによって、英語の音自体を聞き取るスキルを飛躍的に高めることができます。発音できる音は聞き取れるものなので、これによって、「知識や類推に頼る比率を下げ、英語の "音そのもの" を聞き取るスキル」を飛躍的に高めることもできます。結果的に集中力をリスニングで浪費しないで、余裕をもって訳出ができるわけです。

　しかしながら、今回はそれとは違った視点から私の経験をお伝えしたいと思います。

　もう何年も前になりますが、ある企業体の国際会議で通訳チームを組んだときのパートナーとなったのは私の所属する通訳エージェントとは別の所属の方で、私より10年以上も通訳者としてのキャリアがありました。

　ブレイクを挟みつつではあるものの、丸一日という長丁場の会議が終わったときに、その企業のトップである社長さんに声をかけられたのは私の方だったのです。

　「君はその英語の発音をどうやって身につけたんだ？やっぱり海外が長いのか？」と聞かれ、英語を国内で独学した私は内心とてもうれしく、疲れも吹っ飛ぶような瞬間をいただきました。

　というのも、当時私は自分の英語の発音を「リニューアル」したいと考え、密かに英語の発音や発声の改善に取り組んでいたからです。自

分なりに美しい発音をめざして…その日の国際会議での通訳はまさに
その「新しい兵器」の威力を試す場だったのです。

　その社長さんご自身も英語を学ぶことに関心をお持ちで、たくさん
の質問をしてくださいました。

　とくに印象に残っているのが、「本当にこの歳になってもそのよう
な発音が身につけられるのか？」という質問でした。もちろん私は、
「適切にやれば年齢は問題ではありません」と答えました。その瞬間、
社長さんの表情がパッと明るくなったことを今でも忘れることがあり
ません。

　うれしいことに、これがきっかけとなり、この企業での通訳を長き
にわたって担当させていただくことになり、私の通訳キャリアは新し
い段階に進んでいきました。

52 what goes around comes around

Step 1 リード

> **My PC crashed again, and it just kills my motivation!
> -Haha, what goes around comes around. I bet you've
> been pissing a lot of people off.**
>
> PCがまたフリーズした！やる気が完全に失せるわ！
> ーハハ！日頃の行いが悪いからじゃん。一体どれだけの人をムカつかせてきてんだよ。

　嫌なことが立て続けに起こったときなどに、冗談めかして「日頃の行いが悪いんじゃない?」と言うことがあります。この種の表現は英語にも存在し、God's punishment(天罰)、You deserve it.(そんな目に遭って当然)、Maybe you should take a good look in the mirror.(自分の行いをよく振り返ったら?) など多数あります。その中で最初に覚えるべきものを一つ選ぶとすれば、「使い回しがきき、英語の発想と瞬発力自体を底上げできる」表現にしたいものです。そこで、what goes around comes around(物事は巡り巡って自分に返ってくる、因果は巡る)の出番です。今回の例文は「本音ベース」の非常にくだけたものなので、公式な場では使用を控えるようにしましょう。

▼ この表現がカバーする意味

#日頃の行いが悪い　#天罰　#因果は巡る　#縁

🔊 最初の**10**回（これだけでもOK）

| 1 | 2 | 3 | 4 | 5 | 6 | 7 | 8 | 9 | 10 |

🔊 勢いがついたらあと**10**回

| 11 | 12 | 13 | 14 | 15 | 16 | 17 | 18 | 19 | 20 |

🔊 まだいけそうならプラス**10**回

| 21 | 22 | 23 | 24 | 25 | 26 | 27 | 28 | 29 | 30 |

🔊 最強になれるトータル**40**回

| 31 | 32 | 33 | 34 | 35 | 36 | 37 | 38 | 39 | 40 |

Step 2　サイト・トランスレーション（一語認識トレーニング）

- **My PC crashed again,** ———————————— また PC がフリーズした
- **and it just kills my motivation!** ———— 完全にやる気を失わせる
- **-Haha,** ———————————————————————— ハハ！
- **what goes around comes around.**

　　　　　　　　　　　　　　　　　　　　日頃の行いが悪いからじゃん
- **I bet** ————————————————————————— 私はきっと〜だと思う
- **you've been pissing a lot of people off.**

　　　　　　　　　　　　　　　　　　　　君が多くの人をムカつかせて
　　　　　　　　　　　　　　　　　　　　きた

Step 3　リード＆ルックアップ

My PC crashed again, and it just kills my motivation!
-Haha, what goes around comes around. I bet you've been
　pissing a lot of people off.

Check!

crash　（PC などが）フリーズする
piss 〜 off　〜をムカつかせる

いさぎよく受け入れる

53 take rejection well

Step 1 リード

I understand, no worries. You were being honest, and I take rejection well. I'm not good with dating anyway. I just don't know how to act in a relationship.

いいんだよ、心配しないで。正直に言ってくれたんだし、いさぎよく受け入れられるから。恋愛下手で、どうやって付きあえばいいかもわかってないから。

「いさぎよい」という表現は、思い切りがよい、未練がましいところがない、といった日本的な美意識を代表する語だといえます。この「いさぎよい」という言葉を一語でそのまま英語に直訳するのはほぼ不可能でしょう。こんなときはこの表現の持つ具体的なイメージを把握し英語化します。「いさぎよい」が「現実を素直に受け入れることができる人格や器を持っている」ことを表していると考えた場合、take rejection well という表現が使えます。直訳すると、「私は拒絶をよく受け入れる」となり、違和感のある日本語になりますが、その分だけ英語的な発想だといえます。また、rejection（拒絶）だけでなく、defeat（敗北）やfailure（失敗）なども目的語として使うことができます。

▼ **この表現がカバーする意味**

#いさぎよく受け入れる　#未練がましいところがない

Step 2　サイト・トランスレーション（一語認識トレーニング）

- I understand, no worries. ───── いいんだよ、心配しないで
- You were being honest, ───── 君は正直に言ってくれたんだし
- and I take rejection well. ───── だからいさぎよく受け入れる
- I'm not good with dating anyway.
  　　　　　　　　　　　どのみち恋愛下手で
- I just don't know how to act どうふるまえばいいのかわからない
- in a relationship. ───── 恋愛で

Step 3　リード＆ルックアップ

　I understand, no worries. You were being honest, and I take rejection well. I'm not good with dating anyway. I just don't know how to act in a relationship.

Check!

be not good with ～ ing　～することが巧みではない、得意ではない
anyway　なんだかんだいっても、どのみち
not know how to act　どうふるまえばいいかわからない
in a relationship　恋愛で

わざとらしい／気負っている

54 trying too hard

🔊 Track | **63**

Step 1 リード

> When a guy spends a ridiculous amount on a first date, I'd say it's almost creepy. It seems like he's trying too hard to impress. That's a lot of money wasted!
>
> 男が初デートで死ぬほどお金をかけて準備とか、ワタシ的には結構キモイんだけど。良く思われようとしてわざとらしく見えるっての。すごいお金の無駄だよね。

「わざとらしい」「気負っている」という日本語は非常によく使われますが、いざ英語にしようとすると直訳はできないものです。では、英語でこれらの表現に相当するものは何でしょうか？「わざとらしい」を「無理しすぎている」と解釈すれば、trying too hardで実は十分対応できてしまいます。

　使われる頻度や文脈も日本語の「わざとらしい」とほぼ完全に同じで、いったん覚えてしまえばドラマや映画などでもよく耳に入ってきます。

▼この表現がカバーする意味

#わざとらしい #気負っている #力みすぎている #(勝負などを)焦っている
#頑張りすぎている #固くなっている #カッコつけすぎ #白々しい #演技がバレバレ
#下心が見え見え

POD 最低10回は音読しましょう

● 最初の10回(これだけでもOK)

1	2	3	4	5	6	7	8	9	10

● 勢いがついたらあと10回

11	12	13	14	15	16	17	18	19	20

● まだいけそうならプラス10回

21	22	23	24	25	26	27	28	29	30

● 最強になれるトータル40回

31	32	33	34	35	36	37	38	39	40

Step 2　サイト・トランスレーション（一語認識トレーニング）

- When a guy spends ———————— 男が費やすとき
- a ridiculous amount ———————— 馬鹿げた金額を
- on a first date, ———————— 初デートで
- I'd say it's almost creepy. ———————— 私的には結構キモい
- It seems like ———————— 〜のように見える
- he's trying too hard to impress. 彼は良い印象を与えるために気負っている
- That's a lot of money wasted! ———— すごいお金の無駄だよね

Step 3　リード＆ルックアップ

When a guy spends a ridiculous amount on a first date, I'd say it's almost creepy. It seems like he's trying too hard to impress. That's a lot of money wasted!

Check!

amount	（ここでは）金額
on a first date	初デートで
I'd say	ワタシ的には
creepy	不気味な
impress	良い印象を与える（良く思われようとする）
money wasted	無駄になったお金

149

55 It doesn't make a difference.

◀)) Track | **64**

> I see your X (Tweet) is facing so much hate. Are you all right?
> -Ha. It doesn't make a difference. It could even be a great advertisement!
>
> 君のツイート、炎上してるけど大丈夫？
> ―全然。ノーダメージだよ。宣伝になってうれしいくらい。

「ノーダメージ」というカタカナ英語を含め、「効果がある／ない」という意味を伝える場面は非常に多いですが、毎回 It's effective. と直訳してもしっくりきません。大勢に影響なし、やるだけ無駄、通用しない、などの日本語を瞬時に英語化するときに、**効果がある＝ effective、影響＝ influence、無駄＝ not worth、通用＝ function, work** のように直訳すると不自然に聞こえ、しかも記憶力に大変な負担がかかります。そんなときには doesn't make a difference(ひとつも変化を生まない) という表現の出番です。

　実際の会話では主語を It にし、さらにそれさえも省略し、(It) doesn't make a difference. という使い方が圧倒的に多くなります。

▼ **この表現がカバーする意味** ⋯⋯⋯⋯⋯⋯⋯⋯⋯⋯⋯⋯⋯⋯⋯⋯

#無意味　#効果なし　#現実は変わらない　#大勢に影響なし
#やるだけ無駄　#通用しない　#九牛の一毛　#あってないようなもの

POD 最低10回は音読しましょう

● 最初の10回(これだけでもOK)

1	2	3	4	5	6	7	8	9	10

● 勢いがついたらあと10回

11	12	13	14	15	16	17	18	19	20

● まだいけそうならプラス10回

21	22	23	24	25	26	27	28	29	30

● 最強になれるトータル40回

31	32	33	34	35	36	37	38	39	40

Step 2 サイト・トランスレーション(一語認識トレーニング)

- **I see your X (Tweet) is** —— 君のX(ツイート)、〜してるよ
- **facing so much hate.** —— 炎上している
- **Are you all right?** —— 大丈夫？
- **-Ha. It doesn't make a difference.** 全然、ノーダメージだよ
- **It could even be** —— 〜にさえなりうる
- **a great advertisement!** —— いい宣伝

Step 3 リード&ルックアップ

I see your Tweet is facing so much hate. Are you all right?
-Ha. It doesn't make a difference. It could even be a great
advertisement!

Check!

I see 〜　〜が見える（〜してるよ）

face so much hate　炎上する（直訳：たくさんの憎悪に直面する）

It could even be 〜　〜にさえなりうる

無理するな

56 pace yourself

🔊 Track | 65

Step 1 リード

> You should take a step back and re-evaluate yourself, set some time aside for you to do things that make you happy and bring you peace. It's a marathon not a sprint. You've got to pace yourself.
>
> 少し落ち着いて自分を見直すのもいいと思うよ。楽しいことや穏やかに過ごすための時間を作るんだ。(人生などは)マラソンであって短距離走ではないからね。無理せずに行こうよ。

「無理するな」という日本語は日常的に使われる一方、直訳的に "Don't work too hard.", "Stop trying too hard." などの形で応じたくなるものですが、ここで新しい発想を身につけてスマートに表現しましょう。

pace yourselfは「自分自身のペースを調整せよ」という意味になり、「無理しないでね」という気持ちをすっきりと英語化できます。

▼ この表現がカバーする意味

#無理をしない #無理せず継続する #自分のペースでやる #細く長く続ける
#マイペースでいく #安全第一でいく #無茶をしない

POD 最低10回は音読しましょう

● 最初の**10**回(これだけでもOK)

1	2	3	4	5	6	7	8	9	10

● 勢いがついたらあと**10**回

11	12	13	14	15	16	17	18	19	20

● まだいけそうならプラス**10**回

21	22	23	24	25	26	27	28	29	30

● 最強になれるトータル**40**回

31	32	33	34	35	36	37	38	39	40

Step 2　サイト・トランスレーション(一語認識トレーニング)

- You should take a step back　　一歩下がってみるのもいいと思うよ
- and re-evaluate yourself,　　そして自分を見直す
- set some time aside　　時間をとっておく
- for you to do things that　　自分がそのことをするために
- make you happy　　楽しめるもの
- and bring you peace.　　安らぎを与えること
- It's a marathon not a sprint.　　マラソンであって、短距離走じゃない
- You've got to pace yourself.　　無理せずに行こう

Step 3　リード&ルックアップ

You should take a step back and re-evaluate yourself, set some time aside for you to do things that make you happy and bring you peace. It's a marathon not a sprint. You've got to pace yourself.

Check!

take a step back	一歩下がる(俯瞰するために)
re-evaluate	～を見直す、再評価する
set ~ aside	～(ここでは時間)を取っておく、蓄えておく

153

57 Assuming you're right

🔊 Track | **66**

Assuming you're right, we still need to face the reality and do something about what's holding us back.

仮にそちらが正しいとして、我々はそれでも現実を直視し、障壁（妨げ）となっているものに対して何らかの解決策を講じる必要があるのです。

　日常生活の中でもちょっとした言い争いから真剣な議論まで、意見の衝突は避けられないものです。そんなときに I don't think so. や I disagree. のような直接的な返答をすれば角が立ち、後々まで遺恨が残るものです。

　こういった場合は「一歩下がりながらも、効果的に反論する」ことが必要となり、そこで役立つのが、Assuming you're right（もし仮にそちらが正しいとして…）という仮定を伴った表現です。

　この表現を使うことにより、一瞬であっても「もしあなたが"正しい"として」と相手の議論の有効性を言葉だけでも認める形をとるため、相手の話す勢いを止め、こちらが反論するチャンスを作り出すことが可能になります。

▼ **この表現がカバーする意味**

#仮にそちらが正しいとして　#あなたの言うことが仮に正しいとして

Step 2　サイト・トランスレーション(一語認識トレーニング)

- Assuming you're right,　　　　仮にそちらが正しいとして
- we still need　　　　　　　　　我々はそれでも必要だ
- to face the reality　　　　　　現実を直視すること
- and do something about　　　そして〜に対して何らかの解決を図る
- what's holding us back.　　　　我々の妨げとなるもの

Step 3　リード&ルックアップ

　Assuming you're right, we still need to face the reality and do something about what's holding us back.

Check!

face the reality　現実を直視する

do something about 〜　〜に対して何らかの解決を図る

what's holding us back　我々の妨げとなるもの

仮の質問

58 hypothetical question

🔊 Track | **67**

リード

> **I'm not answering your hypothetical question** about an imaginary situation you've made up just to derail the conversation.
>
> 話をすり替える（脱線させる）ためだけに、君が脳内で作り出した状況に関する仮定の質問に答える気はありませんよ。

　ビジネス、プライベートを問わず、相手に「仮定の質問」をされた場合には「質問自体に答えない」というオプションを確保しておくことが非常に重要です。

　「もし同じ状況に置かれた場合、あなたならどうしますか？(If you were in the same situation, what would you do?)」といったタイプの質問をされたときは、警戒すべき場合も考えられます。なぜならこのような質問には多くの場合、あなたから何らかの事柄について口を割るように仕向けている可能性があるからです。そして、このような質問は体よくかわすことが一番の得策です。

▼ **この表現がカバーする意味**

#仮の質問　#仮定の問い　#空想の質問

● 最初の10回 (これだけでもOK)

1	2	3	4	5	6	7	8	9	10

● 勢いがついたらあと10回

11	12	13	14	15	16	17	18	19	20

● まだいけそうならプラス10回

21	22	23	24	25	26	27	28	29	30

● 最強になれるトータル40回

31	32	33	34	35	36	37	38	39	40

Step 2　サイト・トランスレーション（一語認識トレーニング）

- **I'm not answering** ──────── 私は答えるつもりがない
- **your hypothetical question** ──── あなたの仮定の質問に
- **about an imaginary situation** ── 空想の状況に関する
- **you've made up** ──────── あなたがでっち上げた
- **just to derail the conversation.** ── 話を脱線させるためだけに

Step 3　リード＆ルックアップ

I'm not answering your hypothetical question about an imaginary situation you've made up just to derail the conversation.

Check!

hypothetical	仮定の
make up	でっちあげる、捏造する
just to 〜	〜するためだけに
derail the conversation	話を脱線させる

人生いろいろあるよね

59 you can't control everything

🔊 Track | **68**

Step 1 リード

Accept that you can't control everything, but it isn't a bad thing. Allow yourself to go with the flow, and you'll be happy in unexpected ways.

上手くいかないこともあるけど、それって悪いことじゃないんだ。流れにまかせていれば、意外な形で幸せになれるから。

　人間、生きていれば上手くいかないことも出てくるものです。仕事、プライベートを問わず、「人生いろいろあるよね」という言葉はひとり言としてため息とともに発することもあれば、仲間に対して言うこともあるでしょう。

　この日本語の表現には「慰め、激励、共感」などの気持ちが渾然一体となっており、いざ英語にしようとするとなかなか大変です。

　ここで、you can't control everything という表現です。直訳すると「すべてのことをコントロールはできない」となりますが、そこには「上手くいかないことってあるよね」といった感情が含まれており、「人生いろいろあるよね」と完全に置き換えができる便利な表現です。

▼ **この表現がカバーする意味**

#人生いろいろあるよね　#上手くいかないことってあるよね

POD 最低10回は音読しましょう

● 最初の10回(これだけでもOK)　　　　● 勢いがついたらあと10回

1	2	3	4	5	6	7	8	9	10	11	12	13	14	15	16	17	18	19	20

● まだいけそうならプラス10回　　　　● 最強になれるトータル40回

21	22	23	24	25	26	27	28	29	30	31	32	33	34	35	36	37	38	39	40

Step 2　サイト・トランスレーション(一語認識トレーニング)

- Accept that — 〜を受け入れないとね
- you can't control everything, — 上手くいかないこともある
- but it isn't a bad thing. — でもそれは悪いことじゃない
- Allow yourself to — 自分自身に〜させなさい
- go with the flow, — 流れにまかせる
- and you'll be happy — そうすれば君は幸せになれる
- in unexpected ways. — 意外な形で

Step 3　リード&ルックアップ

Accept that you can't control everything, but it isn't a bad thing.
Allow yourself to go with the flow, and you'll be happy in
unexpected ways.

Check!

allow myself to 〜　自分自身に〜させる

go with the flow　流れにまかせる(行き当たりばったりでいく)

60

経験ベースでの話ですが

in my limited experience

🔊 Track | **69**

> **In my limited experience, the best you can do is actively listen to what each team member is saying and find a way to communicate that to the others.**
>
> 経験ベースの話ですが、最善の方法は各チームメンバーの言っていることに耳を傾けて、それを残りのメンバーにしっかりと伝える方法を見つけることだと思います。

「経験ベースですが」という表現は、ビジネス、プライベートを問わずよく使われます。「あくまで個人的な経験ではありますが…」という謙遜のニュアンスも帯びていて、特に控えめな性格の人にとっては、会話での「出だし」のハードルを下げることができる非常に便利な表現だと言えます。

▼ **この表現がカバーする意味**

#経験ベースでの話ですが　　#あくまで個人的な経験ではありますが

POD 最低10回は音読しましょう

● 最初の**10**回(これだけでもOK)

1	2	3	4	5	6	7	8	9	10

● 勢いがついたらあと**10**回

11	12	13	14	15	16	17	18	19	20

● まだいけそうならプラス**10**回

21	22	23	24	25	26	27	28	29	30

● 最強になれるトータル**40**回

31	32	33	34	35	36	37	38	39	40

Step 2 サイト・トランスレーション(一語認識トレーニング)

- In my limited experience, ——— 経験ベースの話ですが
- the best you can do is ——— 最善の方法は
- actively listen to ——— しっかり聞くこと
- what each team member is saying

  各チームメンバーの言っていることを

- and find a way to communicate that

  そしてそれを伝える方法を見つける

- to the others. ——— 他のメンバーに

Step 3 リード&ルックアップ

In my limited experience, the best you can do is actively listen to what each team member is saying and find a way to communicate that to the others.

Check!

the best you can do　最善の方法
what each team member is saying　各チームメンバーが言っていること
communicate 〜　〜を伝える、〜を伝達する

61

せつない

feel sad and powerless

🔊 Track | **70**

> **Some may feel sad and powerless** when they find themselves in a certain situation, but you are not expected to lose hope for sure.
>
> 状況によってはせつない気持ちになる人もいるかもしれないが、そこで希望を失うことがあってはならないんだよ。

「せつないなぁ…」長く生きていれば、このような感情を経験したこともあるかと思います。日本語のネイティブであればだれもが知っているこの言葉と気持ちは、おそらく同じ人間であれば英語圏の人たちだって経験し、ため息とともに口に出しているはずです。

feel sad and powerless は直訳すると「悲しく無力に感じる」となり、日本語の「せつない」という概念に迫ることができます。このように、日本語や日本文化独特と思われる概念も、そこに含まれる「意図や気持ち」を分解して考えることによって英語にしやすくなります。

▼ **この表現がカバーする意味**

#せつない   #希望を失う   #無力だ

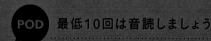

POD 最低10回は音読しましょう

● 最初の10回(これだけでもOK)

1	2	3	4	5	6	7	8	9	10

● 勢いがついたらあと10回

11	12	13	14	15	16	17	18	19	20

● まだいけそうならプラス10回

21	22	23	24	25	26	27	28	29	30

● 最強になれるトータル40回

31	32	33	34	35	36	37	38	39	40

Step 2 サイト・トランスレーション(一語認識トレーニング)

- Some may feel sad and powerless
  せつないと感じる人もいるかもしれない
- when they find themselves in ── 〜にいることに気が付くとき
- a certain situation, ── ある状況
- but you are not expected to ── でも〜するべきじゃない
- lose hope for sure. ── 希望を失う

Step 3 リード&ルックアップ

Some may feel sad and powerless when they find themselves in a certain situation, but you are not expected to lose hope for sure.

Check!

lose hope　希望を失う

\ パワー音読 /

62

心が通じ合っている

read each other well

🔊 Track | **71**

Step 1 リード

> **What's great about our team is** we all read each other well **despite the gaps in cultures, nationalities or age groups.**
>
> わがチームの良いところは文化、国籍、そして世代に関係なく以心伝心（阿吽の呼吸）ができて
> いることです。

「以心伝心」という言葉を使わない人は、おそらく日本語のネイティブ
であればいないと思います。まさに日本文化を象徴するような表現の一
つとも言えますが、この「以心伝心」という行為や現象は、英語の世界
にももちろん存在します。

read each other (well) は直訳すると、「お互いを（よく）読みあう」
という意味で、日本語の「以心伝心」「阿吽の呼吸」と完全に互換性が
あり、日本語を話しているような感覚で口に出すことが可能です。

▼ **この表現がカバーする意味**

#以心伝心 #阿吽の呼吸

● 最初の10回(これだけでもOK)

1	2	3	4	5	6	7	8	9	10

● 勢いがついたらあと10回

11	12	13	14	15	16	17	18	19	20

● まだいけそうならプラス10回

21	22	23	24	25	26	27	28	29	30

● 最強になれるトータル40回

31	32	33	34	35	36	37	38	39	40

Step 2 サイト・トランスレーション(一語認識トレーニング)

- **What's great about our team is** — 私たちのチームの良いところは
- **we all read each other well** — 以心伝心ができていること
- **despite the gaps in cultures,** — 文化の違いにかかわらず
- **nationalities or age groups.** — 国籍や世代

Step 3 リード&ルックアップ

What's great about our team is we all read each other well despite the gaps in cultures, nationalities or age groups.

Check!

despite 〜　〜にもかかわらず

age group　年齢層、世代

切り替える／水に流す

63 put ～ behind me/us

🔊 Track | **72**

> **What's done is done, and** we've put it behind us **and we're ready to move on, so why don't we just push it forward?**
>
> 起こったことはしかたないですが、もう済んだことですし、先を見ていこうと思っていますから、共に（この件＝itを）推し進めていこうではありませんか！

「水に流す」という表現は「根に持たず、遺恨を残さない」という意味で用いられますが、比喩表現でもあり直訳するとまず英語では通じない表現の典型です。

　しかしながら、この種の行為や性格はもちろん英語の世界でも存在し、それにあたる表現もまた使われています。

　put ～ behind me/usという表現は、この「水に流す」という表現とほぼ完全な互換性があるので、まるで日本語を話しているように口に出すことが可能です。

▼ この表現がカバーする意味

#引きずらない #カラッとしている #あとに残さない #(気持ちの)切り替えがきく
#水に流す #人を許す心がある #目こぼしする #大目に見る #(意図的に)忘れる

POD 最低10回は音読しましょう

● 最初の10回(これだけでもOK)

1	2	3	4	5	6	7	8	9	10

● 勢いがついたらあと10回

11	12	13	14	15	16	17	18	19	20

● まだいけそうならプラス10回

21	22	23	24	25	26	27	28	29	30

● 最強になれるトータル40回

31	32	33	34	35	36	37	38	39	40

Step 2 サイト・トランスレーション（一語認識トレーニング）

■ What's done is done, ── 起こったことはしかたがない
■ and we've put it behind us ── だからもう水に流して
■ and we're ready to move on, ── 前に進む準備ができている
■ so why don't we ── だから〜しませんか
■ just push it forward? ── この件を推し進める

Step 3 リード＆ルックアップ

What's done is done, and we've put it behind us and we're ready to move on, so why don't we just push it forward?

Check!

what's done is done　起こったことはしかたない

push 〜 forward　〜を推し進める

64

<ruby>善処<rt>ぜんしょ</rt></ruby>します／前向きに検討します

we'll see what we can do

🔊 Track | **73**

> We totally understand that every one of you has been through a lot for years, and we'll see what we can do about it for sure.
>
> 皆様一人ひとりが何年間にもわたり大変な思いをされてきたことがよくわかりました。そして我々はそのことに対して善処することは間違いありません。

「善処します」「前向きに検討します」は、典型的な「タテマエ表現」です。表面上は、積極的に対策を講じるという意味にも解釈できますが、たいていは、質問攻めにされたときや、<ruby>苦<rt>まぎ</rt></ruby>し紛れにその場を取り繕うときに使われます。言い換えれば「本音の答えはNoで、何もやらないし、やりたくないし、これ以上聞かないでくれ」という意味で使われます。そのため、I'll do my bestという表現は不適格となります。

　このようなやり取りはもちろん英語圏でも存在し、「善処します」と互換性があるのがI'll see what I can do（直訳：できることを確認しましょう）となります。

▼ **この表現がカバーする意味**

#善処します　#前向きに検討します

Step 2 サイト・トランスレーション(一語認識トレーニング)

- We totally understand ⸻ 我々はよくわかりました
- that every one of you ⸻ 皆様一人ひとりが
- has been through a lot for years, ⸻ 長年大変な経験をしてきた
- and we'll see what we can do ⸻ そして私たちは善処します
- about it for sure. ⸻ それについて間違いなく

Step 3 リード&ルックアップ

We totally understand that every one of you has been through a lot for years, and we'll see what we can do about it for sure.

Check!

have / has been through a lot for years　長年大変な経験をしてきた

169

step back and see the whole picture

🔊 Track | **74**

Step 1 リード

> **Maybe we should step back and see the whole picture to take time to understand other people's perspectives.**
> じっくりと他人のものの見方を理解するために、木を見て森を見ずの状態を改善した方がよさそうだ。

　目の前のことにかまけて、物事の全体が見えなくなっている状態を「木を見て森を見ず」という表現で表しますが、これに類する表現は多く、ビジネス、日常生活を問わず非常によく使われています。

▼ **この表現がカバーする意味**

#木より森を見よ　#俯瞰的に見なさい　#大局観を持て　#近視眼ではダメだ
#長い目で見ようよ　#少し離れたところから見てみよう　#外に目を向けてみて
#思いつめすぎだよ　#周りが見えなくなっているよ　#恋は盲目の状態になっているよ

POD 最低10回は音読しましょう

● 最初の10回(これだけでもOK)　　　　● 勢いがついたらあと10回

1	2	3	4	5	6	7	8	9	10	11	12	13	14	15	16	17	18	19	20

● まだいけそうならプラス10回　　　　● 最強になれるトータル40回

21	22	23	24	25	26	27	28	29	30	31	32	33	34	35	36	37	38	39	40

Step 2　サイト・トランスレーション(一語認識トレーニング)

- **Maybe we should** ～した方が良さそうだ
- **step back and see the whole picture**

  木を見て森を見ずの状態を改善する
- **to take time to understand** じっくりと理解するために
- **other people's perspectives.** 他の人々のものの見方

Step 3　リード&ルックアップ

Maybe we should step back and see the whole picture to take time to understand other people's perspectives.

Check!

whole picture　全体像、大局

other people's perspectives　他の人々の考え方

おっしゃっているのは～ということですね

66 What I think you're trying to say

🔊 Track | **75**

Step 1 リード

> **What I think you're trying to say is we need to recognize what we're missing out on, right?**
>
> おっしゃっていることは、当社がそれと知らずに多くの機会損失を出しているということですね？

　この表現を使うと日本語のときと同じように、会話やディスカッションで「おっしゃっているのは～ということですね？」と相手の話している内容に対して、理解を示す姿勢を見せつつ余裕を持って応じることが可能になります。普段からどんどん使って口癖にしておくことを強くおすすめします。

▼ **この表現がカバーする意味**

[#おっしゃっていることは～ということですね] [#おっしゃりたいことはよく理解します]

POD 最低10回は音読しましょう

● 最初の10回(これだけでもOK)

1	2	3	4	5	6	7	8	9	10

● 勢いがついたらあと10回

11	12	13	14	15	16	17	18	19	20

● まだいけそうならプラス10回

21	22	23	24	25	26	27	28	29	30

● 最強になれるトータル40回

31	32	33	34	35	36	37	38	39	40

Step 2　サイト・トランスレーション(一語認識トレーニング)

- **What I think you're trying to say** ─── おっしゃっていることは、 ～ということ
- **is we need to recognize** ─── 我々が認識する必要がある
- **what we're missing out on,** ─── 多くの機会損失を出していること
- **right?** ─── ですね？

Step 3　リード&ルックアップ

What I think you're trying to say is we need to recognize what we're missing out on, right?

Check!

miss out　失う

173

パッとしないけど

There's no wow-factor, but 〜

🔊 Track | **76**

> **There's no wow-factor about our new product, but** it works well and responds to the customer needs, that's how we stay ahead of the competitors.
>
> わが社の新製品はパッとしないイメージだが、便利で顧客の需要に応えている、そのようにしてわが社は競合他社に差をつけているんです。

　"wow" は、会話中に驚き感動したときに思わず発する言葉である一方、"factor" には「要素」という意味があります。この2つを合わせた the wow-factor は人や物事が「一目で驚くほど優れている」ことを表し、no や not などの否定語を追加すると「パッとしない」という英語にしづらい表現も瞬時に英語化できます。

▼ **この表現がカバーする意味**

#パッとしない #華がない #絵にならない #オーラがない

POD 最低10回は音読しましょう

● 最初の10回（これだけでもOK）　　　　　● 勢いがついたらあと10回

1	2	3	4	5	6	7	8	9	10	11	12	13	14	15	16	17	18	19	20

● まだいけそうならプラス10回　　　　　　● 最強になれるトータル40回

21	22	23	24	25	26	27	28	29	30	31	32	33	34	35	36	37	38	39	40

Step 2　サイト・トランスレーション（一語認識トレーニング）

- There's no wow-factor ———— パッとしない
- about our new product, ———— わが社の新製品は
- but it works well ———— でも便利である
- and responds to the customer needs,
  ———— そして顧客のニーズに応えている
- that's how ———— そのようにして
- we stay ahead of the competitors.
  ———— わが社は競合に差をつけている

Step 3　リード＆ルックアップ

There's no wow-factor about our new product, but it works well and responds to the customer needs, that's how we stay ahead of the competitors.

Check!

that's how　そのようにして

stay ahead of 〜　〜に差をつけている

175

68

やりがいは何ですか?

What keeps you going (?)

🔊 Track | **77**

リード

> What keeps you going doing stuff like this?
> -Well, that's what I'd like to know. I simply enjoy doing
> what I do, and it comes from within.
>
> そんなことをして君は一体何を目指してるの?
> ーええと、それをこっちが知りたいくらいでね。ただやっていることが楽しいし、心の中から
> 出てくるんだよ。

　What keeps you going は直訳すると「あなたを動かし続けるもの」
となり、「生きがい」「やりがい」という日本語も無理なく瞬時に英語化
できます。

　また、最後に"?"をつけることによって、「やりがいは何ですか?」「生
きがいは何?」「何を目指してるの?」のような疑問文としても使うこ
とができます。

▼ **この表現がカバーする意味**

#やりがいは何ですか?　　#生きがいは何ですか?　　#やる気の源は何ですか?

#何を目指してるの?　　#なぜ(そんなに)頑張れるの?

● 最初の10回 (これだけでもOK)

1	2	3	4	5	6	7	8	9	10

● 勢いがついたらあと10回

11	12	13	14	15	16	17	18	19	20

● まだいけそうならプラス10回

21	22	23	24	25	26	27	28	29	30

● 最強になれるトータル40回

31	32	33	34	35	36	37	38	39	40

Step 2 サイト・トランスレーション (一語認識トレーニング)

- What keeps you going —————— 何を目指してるの？
- doing stuff like this? —————— そんなことをやりながら
- -Well, that's what I'd like to know. えっと、それが自分でも知りたいことだよ
- I simply enjoy doing what I do, —— 私はただ自分がすることを楽しんでいる
- and it comes from within. ——— そしてそれは心の中から出てくるんだ

Step 3 リード＆ルックアップ

What keeps you going doing stuff like this?
-Well, that's what I'd like to know. I simply enjoy doing what I do, and it comes from within.

Check!

doing stuff like this　そんなことをやりながら
That's what I'd like to know.　それが私 (自身でも) が知りたいことなんだよ。
enjoy doing what I do　自分がすることを楽しんでいる
it comes from within　心の中から出てくる　（注：" 他人にやらされるのではなく、心から好きでやりたいと思う " という気持ちを表す）

その話はやめてくれ（聞きたくもない）

69 Don't even go there.

🔊 Track | **78**

> **Hey, how did your date with Yuka go?**
> **-Don't even go there. I mean, I had enough. I'm sick and tired of her flirting with random guys.**
>
> ユカとのデートはどうだった？
> ーその話はやめてくれ。ってか、もう本当にこりごり。あいつは誰にでも言い寄るし、完璧に
> 　嫌気がさしてる。

　感情とともに、ため息のように思わず吐き出す「聞きたくもない」という表現は、直訳的に I don't want to hear 〜のように訳すことももちろん可能ではありますが、ここでは新たな発想を身につけておきたいと思います。

　ここで、Don't even go there. という表現の出番になります。

　訳のイメージをステップで具体化すると、（①"そっち"には行くことすらやめてくれ⇒②"そっち系"の話題はやめてくれ⇒③"その話題"は聞きたくもない）という発想の流れになります。

　音読練習でパッと反射的に口から出るようになれば、その後に続く英文も出てきやすくなります。

▼ **この表現がカバーする意味**

#その話はやめてくれ　#そんな話聞きたくもない　#その話題はあっちにやって

POD 最低10回は音読しましょう

● 最初の10回（これだけでもOK）　　　● 勢いがついたらあと10回

| 1 | 2 | 3 | 4 | 5 | 6 | 7 | 8 | 9 | 10 | 11 | 12 | 13 | 14 | 15 | 16 | 17 | 18 | 19 | 20 |

● まだいけそうならプラス10回　　　● 最強になれるトータル40回

| 21 | 22 | 23 | 24 | 25 | 26 | 27 | 28 | 29 | 30 | 31 | 32 | 33 | 34 | 35 | 36 | 37 | 38 | 39 | 40 |

Step 2　サイト・トランスレーション（一語認識トレーニング）

- **Hey, how did your date** ——— デートはどうだった
- **with Yuka go?** ——— ユカとの
- **-Don't even go there.** ——— その話はやめてくれ
- **I mean,** ——— っていうか
- **I had enough.** ——— もうたくさんだ
- **I'm sick and tired of** ——— 〜にはこりごりだ
- **her flirting** ——— 彼女のちょっかい
- **with random guys.** ——— 手あたり次第の男に

Step 3　リード＆ルックアップ

Hey, how did your date with Yuka go?

-Don't even go there. I mean, I had enough. I'm sick and tired of her flirting with random guys.

Check!

I had enough.　もうたくさんだ。

be sick and tired of 〜　〜にはこりごりしている

flirt　恋をもてあそぶ

random　思いつきの、出まかせの

179

70 figure something out

なんとかする

🔊 Track | **79**

Step 1 リード

> **Things have been pretty complicated, but let's figure something out together, so we can get it done somehow in time.**
>
> いろいろ面倒なことになっているけれど、一緒になんとかしよう…どうにかしてこれを予定通りに終わらせるように。

　プライベートでもビジネスでもすべてのことが計画通りに行くわけもなく、ときには行き当たりばったりのこともあるでしょう。そんな場合は試行錯誤を繰り返しながら、やるべきことをやる必要に迫られます。「なんとかするよ」「なんとかします」という表現は、ぜひ英語で言えるようにしておきたいものです。figure something outは、いろいろ試しながら「何かを理解する」、「何かを解決する」という意味で、日本語の「なんとかする」とほぼ完全な互換性があります。

　ちなみに例文内にあるget it done somehowもほぼ同じ意味なので覚えておきましょう。

▼ この表現がカバーする意味 ··

#なんとかする　#どうにかしてやりきる

POD 最低10回は音読しましょう

● 最初の**10**回(これだけでもOK)

| 1 | 2 | 3 | 4 | 5 | 6 | 7 | 8 | 9 | 10 |

● 勢いがついたらあと**10**回

| 11 | 12 | 13 | 14 | 15 | 16 | 17 | 18 | 19 | 20 |

● まだいけそうならプラス**10**回

| 21 | 22 | 23 | 24 | 25 | 26 | 27 | 28 | 29 | 30 |

● 最強になれるトータル**40**回

| 31 | 32 | 33 | 34 | 35 | 36 | 37 | 38 | 39 | 40 |

Step 2 サイト・トランスレーション(一語認識トレーニング)

■ Things have been pretty complicated,

いろいろ面倒なことになっているけど

■ but let's figure something out together,

一緒になんとかしよう

■ so we can get it done somehow

それをどうにかして片付けられるように

■ in time. 時間内に

Step 3 リード&ルックアップ

Things have been pretty complicated, but let's figure something out together, so we can get it done somehow in time.

Check!

get it done (それを)終わらせる、片付ける

somehow どうにかして、なんとかして

in time 時間内に、遅れずに、予定通りに

\ パワー音読 /

71

大事にします

It means a lot (to me).

🔊 Track | **80**

Step **1** リード

> **Thank you very much for everything you've done for me. It means a lot to me.**
> いろいろ良くしていただきましてありがとうございました。心から感謝しております。

　例えば相手からいただいた贈り物や、受けた教え、はなむけの言葉などに対し、敬意をこめて「大事にします」「大切にします」という表現が使われる場面は実に多いです。

　無意識に近い形で口に出される言葉ではありますが、同じ気持ちをいざ英語で表現する、というときに意外にも英語にしづらく会話がストップしてしまうことが多々あります。

　It means a lot to me.（それは私にとって大きな意味がある⇒大事/大切です）とすぐに口に出せれば、瞬発力が上がります。

▼ **この表現がカバーする意味** ....

#大切です　#大事にしなきゃ　#ありがたいです　#うれしいです　#忘れちゃいけない
#勉強になりました　#感謝しています　#(大事だから)意地でも

POD 最低10回は音読しましょう

● 最初の10回（これだけでもOK）　　● 勢いがついたらあと10回

1	2	3	4	5	6	7	8	9	10	11	12	13	14	15	16	17	18	19	20

● まだいけそうならプラス10回　　● 最強になれるトータル40回

21	22	23	24	25	26	27	28	29	30	31	32	33	34	35	36	37	38	39	40

Step 2　サイト・トランスレーション（一語認識トレーニング）

- Thank you very much ———— 本当にありがとうございます
- for everything ———— すべてにおいて
- you've done for me. ———— あなたが私にしてくれた
- It means a lot to me. ———— それは私にとって大切です

Step 3　リード＆ルックアップ

Thank you very much for everything you've done for me. It means a lot to me.

Check!

you've done for me　あなたが私にしてくれた

72 納得しました
That explains a lot.

🔊 Track | **81**

Step **1** リード

> **Why do you sound like an American?**
> **-Well, I quit my job and received intensive**
> **pronunciation training to get rid of my Japanese**
> **accent.**
> **That explains a lot!**
>
> なんでアメリカ人みたいな発音ができるの？
> ーええと、仕事を辞めて、日本語訛りをなくすために発音の集中プログラムを受講したんだ。
> そりゃ納得だよ！

「納得しました」をI see.、I understand.だけで応じるのは、英語的な発想を取り逃がしてしまうのでもったいないと言えます。そこで無生物主語を使って新しい発想をつかみましょう。

That explains a lot. ⇒ 深く納得しました。

That explains itself. ⇒ 一目瞭然だね！（言葉さえいらない）自明の理。

Does that explain it to you? ⇒ それで納得してくれますか？

上記のパターンの応用で、「あらゆる物事を主語に取れる」ようになります。

▼ この表現がカバーする意味

#納得しました #なるほど #そういうことですか

Step 2　サイト・トランスレーション（一語認識トレーニング）

- Why do you sound ―― なぜ君は〜に聞こえるの
- like an American? ―― アメリカ人のように
- -Well, I quit my job ―― ええと、仕事を辞めて
- and received intensive pronunciation training
  ―― 発音の集中プログラムを受講した
- to get rid of ―― 〜を取り除くために
- my Japanese accent. ―― 自分の日本語訛り
- That explains a lot! ―― 納得した

Step 3　リード&ルックアップ

Why do you sound like an American?
-Well, I quit my job and received intensive pronunciation training
to get rid of my Japanese accent.
That explains a lot!

Check!

intensive　集中的な

get rid of 〜　〜を取り除く

INDEX

189

【著者】
横山カズ

同時通訳者(JAL／日本航空ほか)。翻訳家。iU(情報経営イノベーション専門職大学)客員教授。関西外国語大学外国語学部スペイン語学科卒。20代半ばから英語を独学。武道、格闘技経験を活かし、外国人向けのナイトクラブのバウンサー(用心棒)を経験後に通訳キャリアを開始。以来、同時通訳者として、米国メリーランド州環境庁、IATA(国際航空運送協会)、AAPA(アジア太平洋航空協会)、元アメリカ陸軍工兵隊最高幹部ジェームズ・F・ジョンソン博士及び元アメリカ開墾局研究者デビッド・L・ウェグナー氏の通訳担当、生物多様性条約第10回締約国会議(COP10)関連シンポジウム等の同時通訳を歴任。英語講師：楽天、日経、JALグループ、学びエイド他多数。三重・海星中／高等学校・英語科特別顧問。角川ドワンゴ学園・N高校／S高校講師。武蔵野学院大学・元実務家教員。パワー音読(POD)®開発者。NHK、ジャパンタイムズ Alpha 紙など連載多数。著書：著書28冊(岩波書店2冊他)取得資格：英検1級。英語発音テスト EPT100(満点：指導者レベル)国際英語発音協会認定・英語発音指導士® ICEE トーナメント総合優勝(2回)

英会話パワー音読トレーニング

著者	横山カズ
執筆協力	水谷理楽
イラスト	2階のスタジオ
ブックデザイン	山之口正和(OKIKATA)
DTP	Sun Fuerza
音声収録・編集	エートゥーゼット